U0165814

# 客家生趣話1000則

先人的智慧・俚諺語說話趣

傅新明　編著

五南圖書出版公司　印行

# 校長序

客家人原屬中原漢族的一支，西元四世紀東晉時期「五胡亂華」，中原漢族不願受異族統治，開始了第一次的大遷徙。嗣經唐朝「黃巢之亂」及明末「清兵入關」等變亂，客家先民逐步南遷定居閩、粵、贛山區，直至清朝康熙中業，原居粵地之客籍人士才開始大量渡海來臺僻居山區。早年來臺生活不易，需與自然搏鬥，遂養成了客家人刻苦不服輸的「硬頸精神」。

本書作者傅新明服務於本校多年，為一奉公守法的公務員，傅先生自幼生長在純樸的高雄美濃客家地區，兒時對長輩們口耳相傳，充滿智慧的「俚諺語」充滿了濃厚的興趣。及長，出外謀生更深刻體會到外界的一般語言溝通，除了自我族群外，幾已被國、臺語所淹沒。因此遂興起了收集整理先民智慧，作為日後保留和傳承客家文化的念頭。

近年來鑑於客家母語流失的速度著實驚人，尤以一年三節返鄉祭祖時，要想聽聞晚輩們純正的客家母語，已成了奢望；同時又深刻體驗到由於客家語言的逐漸流失，對先民傳承下來的思想、風俗習慣等珍貴文化資產未能適度保留，心生隱憂。因此公餘之暇，開始收集整理先民智慧的諺語或趣話，加上個人創作，逐步完成了《客家生趣話1000則》一書，其盡心盡力以傳承客家文化為己任的精神，實值得感佩，故特為之序。

本作品能夠順利付梓出版，首先要感謝國立中央大學黃萍瑛老師的耐心指導，及傅新育的熱情贊助；更要感謝五南出版公司細心編排與初校，在此一併致上最誠摯的謝意。

國立中央大學 周景揚

# 自序

筆者自幼生長在南臺灣客庄美濃小鎮，在日常生活中經常會聽到長輩們隨口說出一些俚諺語，是極富人生哲理，或令人會心一笑，增添不少生活樂趣。這些俚諺語可說是先人的智慧，記錄了先人最純真的聲音、生活經驗和智慧的結晶，實應善加保存與傳承。

然而，由於時代快速變遷，年輕晚輩出外奮鬥謀生者多，隔代教養問題日益嚴重，回到家鄉想要聽聞小孩字正腔圓說著母語客話竟已成了奢望。回憶兒時，每逢涼爽的夜晚，經常有許多小孩就躺在各宗族祠堂前的禾埕（晒穀場）上，望著天空，數著星星，用客話唸著自長輩那裡學來的童謠，例如：

月光華華，點火餵豬嫲，
豬嫲毋食汁，揹銃打禾畢，
禾畢尾釘釘，揹銃打先生，
先生跳過河，揹銃打鷂婆，
鷂婆叮叮轉，摸到你介大嚇卵。

然此兒時的情景，現早已不復見！一如以下兩則客家生趣話所言：「一年三節轉一擺，祭祀祖先拿香拜，大家親情猶還在，後生鄉音多已改」，及「寧賣祖宗坑，莫忘祖宗聲，時局變化得人驚，細偶鄉音已難聽」，深深烙印心中，對於客家母語流失之快速，著實令人感到驚訝！內心是無比的感慨與擔憂。

2015年初，偶然機會聽到由黃晨龍先生（泰龍）主持之客家聯播節目《大家恁早》，被其中兼具詼諧與教育功能的「唸棚頭」深深吸引，遂興起將過去所聽聞的客家生趣話記錄、整理，集結成書的念頭。因此，本書主要是擷取前人的智慧，加上部分個人創作彙編而成，至今陸續已編纂2,000則，礙於篇幅，本書擷取1,000則先行付梓。一如書名《客家生趣話》之「生趣」意為「生動又有趣」，本人旨意在透過此方式編寫，希冀將先人的智慧及母語傳承下去，無論是客家子弟或對客家文化有興趣的朋友，藉此可欣賞客家文化之同時，也期許自己對客家文化的傳承能略盡棉薄之力。

由於個人才疏學淺，疏漏之處，仍祈前輩不吝指教，銘感五內。

# 目　錄

# 第一篇
# 倫理與家庭

 1

01. 睡目愛睡涼樹下，愛報親恩在屋下，阿姆三餐顧灶下，冷飯冷菜餵自家。

註 屋下：家裡；阿姆：母親

釋 在大樹底下睡覺會感覺陰涼，圖報親恩要在家裡；母親每天在廚房打理三餐，待家人吃飽才用餐，菜飯都已冷了。

02. 耕田養子真辛苦，顧得頭來尾又醜，後生食苦當食補，日後成功知反哺。

註 後生：年輕人

釋 父母耕田養子真辛苦，兩者難以兼顧。年輕晚輩要把吃苦當吃補，日後成功要知道反哺親恩。

03. 兄弟共屋愛和好，家有一老像一寶，孝順子弟天時好，事業發展天顧著。

釋 兄弟要和睦相處，家有一老如有一寶，孝順子弟會先得到天時之利，事業發展上老天也會特別給予關愛和照顧。

04. 三兄四弟一條心，門前泥土變黃金，子嫂和合無二心，家和一定萬事興。

註 子嫂：妯娌

釋 兄弟一條心，門前泥土變黃金，妯娌間同心協力，和睦相處，家和一定萬事興。

 1

05. 孝順還生孝順子，不孝心臼從子起，爺哀恩情無記起，日後報應正知死。

註 心臼：媳婦；爺哀：父母；正：才

釋 孝會感動天，孝順的人也會生出孝順的孩子，不孝媳婦都是由兒子過分驕寵引起，即所謂子不孝，媳從之。如將父母恩情拋一邊，他日生出忤逆兒孫就會後悔莫及了。

06. 阿爸耕田姆持家，莫爲小事來冤家，孝順長上無花假，這个正係偲客家。

註 姆：母親；冤家：吵架；正係：才是；偲：我們

釋 父親耕田母親操持家務，兄弟妯娌不要為小事爭吵，要使家庭一團和氣。孝順父母不虛假，這才是我們真正的客家精神。

07. 有命毋怕病，有理毋怕劍，做人爺哀忒會唸，心臼倈仔會走淨。

註 劍：比喻不合理的挑釁；爺哀：父母；忒：太；心臼：媳婦；倈仔：兒子；走淨：跑光光

釋 身體好，小病痛不影響生命安全；有理也不用擔心無理的挑釁。為人父母如果太過嘮叨，兒子媳婦受不了會跑光光。

| | |
|---|---|
| 08. | 細人從細愛教好，成人長大少煩惱，蒔禾就愛知挲草，禾穀正會收成好。 |

註 細人：小孩；蒔禾：插秧；挲草：以跪姿在稻田用雙手滑行除草

釋 小孩從小要教育好，長大後就能減少父母的煩惱。插完秧苗要勤除雜草，稻穀才會有好收成。

| | |
|---|---|
| 09. | 現代社會變化大，後生壓力跈等大，做人爺哀心愛在，莫管恁多較自在。 |

註 跈等：跟著；恁：那麼

釋 現代社會變遷快速，年輕一輩壓力也跟著大，為人父母要以平和的心情，體諒子女為前途事業拚搏的艱辛，別太費心去煩惱，心情才能輕鬆自在。

| | |
|---|---|
| 10. | 子弟毋讀書，可比無目珠，毋驚貧來親也疏，就驚後生會驚輸。 |

註 目珠：眼睛

釋 孩子不讀書，如同有眼無目珠，就不能明辨是非。不怕貧來親也疏，就擔心小孩怕輸不肯上進，終將一事無成。

| | |
|---|---|
| 11. | 就知出外拜神明，屋下兩尊正最靈，遠方親戚雖有情，毋當隔壁好近鄰。 |

註 屋下：家裡；兩尊：喻父母；正：才；毋當：不如

釋 只知出外拜神明，卻不知在家善盡孝道敬養父母才是最靈驗的。遠方的親友雖有情，但遠水救不了近火，不如隔壁好近鄰。

| 12. | 做人實在錢自來，家愛和氣莫爭財，財知散出人自來，毋好爭財傷爺哀。 |
|---|---|

註 爺哀：父母

釋 做人腳踏實地，工作認真，錢財自然滾滾而來。家要和氣兄弟不爭產，財散人會聚，切不可為了爭財而傷了雙親的心。

| 13. | 頭擺鄉下生活苦，無米番薯籤落肚，爺哀養子真辛苦，他日就愛知反哺。 |
|---|---|

註 頭擺：從前；爺哀：父母

釋 昔時農業社會，鄉下生活清苦，沒米會加大量地瓜籤一起煮，填飽家人肚子。父母養育子女真辛苦，做人子女的他日成功時一定要懂得反哺之恩。

| 14. | 做人子女孝爲先，爺哀恩情大過天，不孝父母就逆天，逆天行爲天會譴。 |
|---|---|

註 爺哀：父母；逆天：違背天理

釋 做人子女要以孝順父母為優先考量，父母恩情大過天，不孝順父母就是逆天的行為，是會遭到天譴的。

15. 細人就愛教，爺哀就愛孝，毋好吃飽淨知尞，教育子弟盡重要。

註 細人：小孩；爺哀：父母；淨知尞：只知遊玩

釋 小孩從小就要教導好，對待父母要孝順。為人父母不可吃飽只好玩，遊手好閒，教育子女真的很重要。

16. 爲鼠常留飯，憐蛾不點燈，堂前雙親孝爲先，勝過點廟光明燈。

釋 夜裡常為桌下老鼠留點飯粒和憐惜飛蛾不點燈，兩者都是代表著慈悲心腸。侍奉雙親要以孝為先，孝順的福報遠勝過到寺廟裡點光明燈。

17. 工業社會也悲哀，孝順一代輸一代，爺哀多有無人愛，只有交分外勞代。

註 交分：交給

釋 工業社會也悲哀，孝順一代不如一代，遲暮老人生活無法自理，而子女們為了自身事業或其他因素也會疏於照顧，只有交由外勞代勞了。

18. 夫妻姻緣好，相惜正係寶，子女瑣事莫煩惱，相扶相持食到老。

註 正係：才是

釋 能結為夫妻都是有好姻緣，最重要是要相互疼惜，別為子女瑣事煩惱，兒孫自有兒孫福，要相扶相持才能到終老。

19. 月光華華餵豬嫲，阿爸牽牛揹犁耙，想起頭擺老阿爸，目汁就會兩面爬。

註 華華：明亮；頭擺：從前；目汁：眼淚

釋 清晨月光依稀明亮的時刻，母親就起身餵食豬隻，父親也牽牛揹起犁耙出門耕作。如今想起從前辛勤耕作的老父親，眼淚仍會不由自主的往兩頰流下。

20. 時來鐵成金，運去金成鐵，老爺老哀莫擢忒，天惜戇人會有得。

註 擢忒：丟掉；戇人：憨厚的人

釋 只要努力，時運一到就會有好收穫，虛度光陰又逢時運衰敗時將一無所有，所以要把握時機及時努力。年老父母不能遺棄，孝順憨厚的孩子會得到老天的眷顧。

21. 妻賢夫禍少，子孝父心寬，後生做事心愛專，屋簷水滴石會穿。

釋 娶到賢妻自然夫禍少，有孝順的子女，父母心情也相對寬鬆。年輕晚輩做事一定要專心才能成功，就像屋簷水滴石一樣，時日一久也會貫穿的。

22. 毋驚細人好搞怪，就愁做事驚失敗，長大成人係變壞，爺哀傷心嘆無奈。

註 細人：小孩；係：如果；爺哀：父母

釋 不怕小孩好搞怪，就擔心做事怕失敗。如果長大成人不學好而變壞，為人父母必定會感到傷心又無奈。

23. 養子毋教輸養牛，養女毋教輸養豬，希望勤儉好讀書，觀念毋正面會烏。

註 面會烏：會生氣

釋 養子不教不如養牛，養女不教不如養豬。父母都希望子女勤儉又好讀書，如果思想觀念偏差誤入歧途，將會鬱悶不開心。

24. 黃金未爲貴，安樂值錢多。賺錢莫誇手段高，毋存天理到底無。

釋 黃金不是人生中最珍貴的，知足喜樂才是最重要。賺錢休誇手段高，如果心存巧詐，到最後終將化為烏有。

25. 耕田養子真辛苦，出門做到兩頭烏，所有痛苦吞落肚，就望子女愛讀書。

註 兩頭烏：早出晚歸

釋 從前農業社會只能靠耕田養家及教育子女，備極辛勞。為了生計往往早出晚歸，強忍著痛苦往肚裡吞，最大期盼就是希望子女愛讀書。

| 26. | 客人耕田毋吃粥，煞猛就望倉有穀，細人又愛受教育，哪有閒錢好享福。 |
|---|---|

註 客人：客家人；煞猛：努力工作

釋 從前客家人種田不吃粥，因為容易餓。勤奮工作就是希望積穀滿倉，小孩又要受教育，哪有閒錢好享福。

| 27. | 頭擺客人生活苦，就愛子女受教育，毋愁三餐吃毋足，就愁子女無幸福。 |
|---|---|

註 頭擺：從前；客人：客家人

釋 從前客家先民生活清苦，然都希望子女能愛讀書，期盼將來能改善生活。不愁自己三餐吃不足，就只煩惱子女將來不能過幸福的日子。

| 28. | 天時不如地利，地利不如人和，家庭和順人愛和，和順家庭事業高。 |
|---|---|

釋 任何事業的成功都必須天時、地利和人和等三因素配合，而天時不如地利，地利又不如人和。家庭裡要能和睦相處，和順的家庭事業必定步步高。

| 29. | 幸福家庭人愛和，忍讓正係其中寶，兄弟子嫂無幾多，毋忍毋耐愛如何。 |
|---|---|

註 正係：才是；子嫂：妯娌

釋 幸福家庭人要和睦相處，忍讓才是其中寶，兄弟妯娌也不多，不忍耐又能如何？

30. 兄弟共屋下，分家成鄰舍，莫爲小事來冤家，大家祖公還共下。

註 共下：一起

釋 兄弟本是同住一家庭，分家後就成了鄰居，別為小事來爭執傷了和氣，因為大家還有共同的祖先。

31. 毋驚日晒摎雨涿，就愁子女食毋足，甘願三餐來吃粥，也愛子女受教育。

註 摎：和；雨涿：雨淋

釋 耕作不怕日晒雨淋，只愁子女吃不飽，寧願自己三餐吃稀飯，也要子女受教育。

32. 想起頭擺共領被，成人長大各東西，骨肉親情難分離，毋好忘祖又背義。

註 頭擺：從前；共領被：同條棉被

釋 想起小時候兄弟同蓋一條棉被，長大成人為了事業各奔西東，骨肉親情難分離，不可忘卻祖宗德澤或背叛兄弟情義。

33. 堂上父母在，大樹好遮蔭，世上爺哀係最親，爺哀親情勝黃金。

註 爺哀：父母

釋 家中父母健在，就好比大樹好遮蔭一樣感覺舒適。父母是我們最親近的人，親情的珍貴遠勝過黃金。

34. 田作毋好荒一年，子教毋好誤一生，晴耕雨讀教爲先，望子成龍光祖先。

釋 田耕不好會荒廢一年，子弟沒教好會耽誤一生。為人父母平日除了辛勤耕作養家活口外，都會將教育子女擺在第一優先，期望他日成龍成鳳，光耀祖先。

35. 公婆本係著共褲，難痛就愛相照顧，有病無人好代受，你係毋幫無人顧。

註 著共褲：穿同一條褲子，比喻甘苦與共；係：如果

釋 夫妻本一體，甘苦與共的，患難時節必須相互照顧。不幸罹病沒人可代受，這時健康的一方應該去幫忙照料。

36. 有錢婚姻早，無錢等到老，養兒不定能防老，留兜老本有較好。

註 留兜：留些

釋 有錢人家子弟婚姻早，沒錢人家子弟有可能等到老，終身未娶。現今社會養兒未必能防老，晚年還是自己留些老本比較好。

| 37. | 中得主人意，必係好東西，金帛未必好東西，孝順名聲傳千里。 |
|---|---|

註 係：是

釋 能讓主人能看中意的必定是好東西，而金帛未必是世上最珍貴的，孝順的名聲才能傳頌千里。

| 38. | 社會有規矩，各坐各人位，他人閒事由佢去，忠臣孝子人敬畏。 |
|---|---|

註 佢：他

釋 社會上有一般的行動規範，各人都要按其位謀其政，不管他人閒事，做個堂堂正正的忠臣孝子，必能名揚千里，獲得他人敬重。

| 39. | 大路恁平好行車，人品係好人人誇，餔娘賢孝會做家，勝過黃金歸牛車。 |
|---|---|

註 恁平：那麼平；係好：如果好；餔娘：太太；做家：勤儉持家

釋 大路平直好行車，做人如果人品好就會人人誇，太太賢慧孝順又能勤儉持家，勝過黃金一牛車。

| 40. | 子孝父心寬，忤逆會心酸，菸酒檳榔係毋斷，難保身體會平安。 |
|---|---|

釋 為人子女懂得孝順，父母心情自然寬鬆，如果大逆不孝，將使雙親感到心酸難過。平日菸酒檳榔不能斷除，難保身體會平安健康。

41. 樹有千條根，公婆一條心，事事有用心，泥土變黃金。

釋 樹有千條根，夫妻要一條心，凡事均能共同用心經營，門前的泥土也會變黃金。

42. 人老面容改，虎瘦雄心在，毋愁雙肩來背債，就愁子女會變壞。

釋 人老容貌會改，老虎雖老了但虎威依舊。為人父母為了家計，不擔心雙肩背負債務，就擔心子女不學好會變壞。

43. 家貧思賢妻，國難思良相，安邦定國愛忠良，家有賢妻運會昌。

釋 家貧才會想起能與同甘共苦賢妻的重要性，國家遭逢危難也會思及忠臣良將才是安邦定國的重要支柱，家有賢妻，家運也一定會昌盛。

44. 莫怪兄弟無情，愛怪社會改變，爲了利益炒短線，毋驚親情來變面。

註 變面：翻臉

釋 不要錯怪兄弟無情，要怪社會變化改變了人們的價值觀。兄弟間往往也會為了利益，忽視了親情的維繫。

45. 好狗毋咬雞，好漢毋打妻，持家教子費心機，家運愛昌愛賢妻。

釋 好狗會顧家不亂咬雞隻，好男子也絕不會動手打妻子。父母為了維持家計及教育子女要花費許多心思。家運要昌盛，賢妻的輔佐占了重要的角色。

46. 糖蜂毋採過時花，家愛勤儉婦人家，無大無細毋成家，一團和氣人人誇。

註 糖蜂：蜜蜂

釋 蜜蜂不採過時無蜜的花，而家中要有勤儉的婦人操持家務，家運才會昌盛。上無長者下無幼小就不能算是完整的家庭，如能把家庭經營得一團和氣就會受到別人的誇讚。

47. 親情友情兩種情，日日守護若心靈，成功分享若心情，失志時節會叮嚀。

釋 親情和友情是我們人生最重要的兩種感情，日夜都會守護著你的心靈，當你成功時可分享你愉悅的心情，失志時會叮嚀你不可灰心喪志。

48. 有兄有弟毋和順，忤逆兒孫亦貧窮，兄弟和睦真光榮，子弟看樣會相同。

釋 兄弟不睦致家庭失和，必定會生出貧窮忤逆的子弟，如能和睦相處，在鄉里間是件令人讚許的事，子弟耳濡目染也會懂得效法。

49. 賢子賢孫人欽佩，賢夫賢妻無是非，惜人就像惜自己，莫費心神聊是非。

釋 家中出了賢能子孫是件令人欽佩的，賢明夫妻不生是非。要以愛己之心去愛別人，不要費神聊他人是非，才可免惹禍端。

50. 爲人子女敬父母，賢兄賢弟不分居，相互忍讓莫自欺，若个善念天會知。

註 若个：你的

釋 為人子女一定要懂得孝敬父母，兄弟和睦相處自然就不分居，要相互忍讓莫自欺，你的善念天知道。

51. 求人難如登天，施捨隨喜方便，爺哀恩情大過天，先敬爺哀再敬天。

註 爺哀：父母

釋 求人難如登天，施捨要隨喜方便，父母恩情高過天，一定要懂得先孝敬父母再敬天的道理。

52. 一母生九子，連母十條心，天下父母一樣心，子女愛知反哺心。

釋 母親生了九名子女，加上母親就有十條心，雖然人心各異，但父母愛護子女的心是一樣的，為人子女長大成人要有知恩圖報的反哺心態。

53. 爺娘惜子長江水，子想爺娘樹尾風，耕田就望好年冬，降子也望會成功。

註 樹尾風：風吹過樹梢一閃即逝；降子：生子

釋 父母疼惜子女的心像長江流水綿延不斷，而子女想念父母的心就像風吹樹梢一閃即逝。耕田種地就是希望有好年冬有好收成，而生養子女就寄望將來會成功。

54. 爺哀降子望成功，成龍成鳳心頭鬆，孝順子女天感動，天惜戇人會成功。

註 爺哀：父母；降子：生子

釋 父母都希望子女將來成功，能成龍成鳳就會感到心情輕鬆。孝順行為會感動天，老天也會特別疼惜孝順的人，並會助他走向成功之路。

55. 兄弟姊妹情，毋比一般情，縱有過分个事情，總會念起偲親情。

註 偲：我們

釋 兄弟姊妹的骨肉親情不是一般的感情可比擬的，縱有不愉快情事發生，只要念及親情，誤會將逐步化為烏有。

56. 心臼討來就愛惜，毋係嫁來分糟蹋，娘家爺哀心肝惜，將心比心像妹惜。

註 心臼：媳婦；毋係：不是；爺哀：父母；妹：喻女兒

釋 媳婦娶過門是應好好疼惜，不是過門來給糟蹋的。媳婦在娘家是父母的心肝寶貝，公婆要將心比心把媳婦當女兒來憐愛才是。

57. 大人愛心係常在，毋愁細人會變壞，孝順爺哀心常在，細人老天會搽帶。

註 係：如果；搽：幫忙；細人：小孩

釋 為人父母如能長存慈愛的心，就不必憂愁小孩會變壞。能以孝心善待父母的人，即使工作繁忙，無暇照顧小孩，老天會幫忙保佑小孩平安長大的。

58. 爺哀惜子無論歲，子養爺哀論餐計，燒冷無論子大細，有計使到會無計。

註 爺哀：父母；無論歲：不論年紀大小；燒冷：身體不適

釋 父母疼惜子女是不論年紀大小的，但悲哀的是有些子女奉養父母是論餐計算。子女若有不適，不分年紀大小，父母都會傾盡一切，予以治療照顧。

| 59. | 千跪萬拜一炷香，毋當生前一碗湯，降子惜子係應當，有食先敬爺哀嚐。 |
|---|---|

註 毋當：不如；降子：生子；爺哀：父母

釋 父母往生時，千跪萬拜只代表一炷香的心意，遠不如在世時真誠的侍奉一碗湯汁。在父母觀念裡，生養疼惜子女是分內所當為，毫無要求回報念頭，但為人子女也應知恩圖報，有能力時定要好好奉養雙親。

| 60. | 著襪毋知腳下暖，脫襪正知腳下寒，照顧爺哀像心肝，莫待亡過噭斷腸。 |
|---|---|

註 著：穿；亡過：往生；噭：哭

釋 穿著襪子不覺腳下暖，脫下襪子才感知腳下寒。照顧父母要像照顧自己的心肝寶貝一樣，不要等到往生時再哭斷腸就為時已晚了。

| 61. | 窮人降多子，多子餓死爺，你係心肝毒過蛇，愛降好子石開花。 |
|---|---|

註 降：生；係：如果

釋 窮人因不懂節育生子多，食指浩繁生活自然窘困。假如你以毒如蛇蠍的心態對待雙親，想生好子弟就如石頭開花般的困難。

62. 毋好憑你學問高，一山還有一山高，碩士博士一大蘿，孝順子弟人阿謟。

註 憑：依恃；一大蘿：滿街都是；阿謟：稱讚

釋 不要憑你學問高，一山還有一山高。現代社會滿街的碩、博士，孝順的子弟會獲得人們的稱讚。

63. 田耕毋好誤一年，討妻毋好誤一生，餔娘人品第一先，夫妻同心莫愁錢。

註 餔娘：妻子

釋 田地耕作不好只會耽誤一年的收成，娶到不賢慧的妻子終將誤了一生的幸福。娶妻要以人品為第一優先考量，夫妻同心，錢財自會滾滾而來。

64. 看著神就拜，心肝共樣壞，家中兩尊毋肯拜，遠方求神難自在。

註 兩尊：比喻父母；共樣：一樣

釋 出外看到神就拜，但不受慈悲感化，心地仍壞。如果家中父母都不能善盡孝養責任，即使到遠方求神也都無法安心自在的。

65. 細人天真無煩惱，家中兩老愛當寶，愛念養子个辛勞，慢慢自家也會老。

註 細人：小孩；个：的；自家：自己

 1

釋 小孩天真沒煩惱，家中兩老要當寶。要時時念及父母養育的辛勞，及時行孝，因為自己也會慢慢變老。

66. 兄弟分家硬似鐵，分家三年成鄰舍，親情就像盎中花，係無愛惜盡快謝。

註 係無：如果沒有；盡快謝：很快就凋謝

釋 兄弟分家爭產互不相讓，分家三年就會變成鄰居，親情就像裝在瓶中沒有根的花，如不細心呵護，很快就會凋謝。

67. 一回生來兩回熟，變成專家人會服，後生就愛多勞碌，老來正有好享福。

註 後生：年輕

釋 做任何事情都是一回生二回熟，變成了專家就能說服別人。年輕時要懂得多勞碌，才可期待年老時能享清福。

68. 揞子睡半覺，飼子食半飽，爺哀年事漸漸老，及時行孝愛做著。

註 揞子：晚上哄小孩睡覺；爺哀：父母

釋 母親餵養小孩或晚上哄小孩睡覺，都是備極辛勞的事，自己不論吃睡都不足。父母年事已高時要及時行孝，報答養育之恩。

69. 情到深處無怨尤，若有怨尤情毋深，江水緩流底必深，爺哀恩情海樣深。

註 爺哀：父母

釋 感情到了深處沒怨尤，若有怨尤表示用情不深。江水緩流江底必深，而父母的恩情就像海樣深，欲報親恩要及時。

70. 有錢愛起朝南屋，子子孫孫好享福，兒孫自有兒孫福，莫為兒孫超過摝。

註 起：蓋；摝：操勞

釋 有錢要蓋陽光充足，宜人居住的朝南屋，子子孫孫居此環境有益健康。兒孫自有兒孫福，不必為了兒孫的未來操勞過度。

71. 痴心父母古來多，孝順子孫誰見了，孝順愛擺第一條，不孝賺錢毋罅了。

註 毋罅了：不夠損賠

釋 自古以來，望子成龍的痴心父母不知幾許，而孝順子孫誰見了呢？為人子女要把孝順擺在首位，不行孝道的人會遭天譴，所賺的錢會在不知不覺中流失殆盡。

72. 難中見真情，家貧顯孝子，家貧教子知廉恥，孝順還生孝順子。

釋 患難之中才能顯現真情，貧家也能磨練出孝順的孩子。

家貧也要教導子女明禮義、知廉恥，能真心孝順父母的人也必然會生出孝順子弟，還報己身。

73. 欠債怨債主，不孝怨父母，頭擺家貧無讀書，耕田畜子真辛苦。

註 頭擺：從前；畜子：養育子女

釋 欠債不知感恩還怨債主為何要借錢給他，自己不孝順還怪父母沒能好好教養自己。昔時父母多因家貧而沒能上學讀書，只能靠農耕養育子女，真是非常辛苦。

74. 兄弟姊妹情難捨，骨肉相連黏共下，縱有小事會摩擦，至親骨肉無幾儕。

註 共下：一起；幾儕：幾人

釋 兄弟姊妹長大雖各奔西東，骨肉親情還是難以割捨，其間縱有小事產生摩擦，但要相互體諒，及時化解，畢竟至親骨肉沒幾人。

75. 讚嘆別人在大眾，教育別人在私下，人倫常理有上下，逆倫行爲天不怕。

註 上下：長幼尊卑

釋 讚賞別人要在大眾場合上，使人有被肯定受尊重的感受；而教育別人就必須在私下進行，要為別人保留情面且應使其堪受。人倫常理有長幼尊卑，違背倫常的行為，老天自會給予應得的懲罰。

76. 媽祖有靈顯外莊，遠方桂花無過香，心向外求費思量，孝順爺哀心自安。

註 媽祖：在此喻為本地神祇；顯外莊：吸引外地信士慕名前來參拜；爺哀：父母

釋 本地神祇雖有靈驗，但當地人卻習以為常參拜者少，反倒是外地的信士慕名前來參拜者多，難道遠方的桂花會比本地的香嗎？費盡心思向外求取內心的平靜難如願，不如內省善盡孝道，才能獲得真正的心靈平安。

77. 爺哀講話你愛聽，父母毋會害後生，失敗跌到面轉青，雙親看著愁又驚。

註 爺哀：父母；後生：比喻子女；面轉青：比喻非常嚴重

釋 父母的諄諄教誨你一定要聽從，父母絕不會害子女。子女如因事業失敗而重挫，雙親看到心中只有驚恐與不捨。

78. 爺哀惜子本天性，孝順子女無一定，累世業障命已定，今生修善會改進。

註 爺哀：父母

釋 父母疼惜子女是天性，但子女能真心孝順的卻不一定有。雖說累世業障命已定，但能廣種善因，自然就會改變命運。

| 79. | 別人東西莫想得，毒品絕對摸毋得，毒願傷身身壞忒，爺哀傷心捨毋得。 |
|---|---|

註 壞忒：壞掉；爺哀：父母

釋 別人的東西不要妄想貪得，毒品絕對碰不得，一但毒癮上身，身體也必定日漸衰敗，父母看到會傷心又不捨。

| 80. | 堂上爺哀當敬重，上和下睦外人傳，家庭和順坐共船，狂風暴雨能阻擋。 |
|---|---|

註 爺哀：父母

釋 侍奉父母應懷著孝順和恭敬的心，家庭和睦會受鄰里傳頌。家人上下一心，就如坐同條船能同舟共濟，可阻擋任何外來的橫逆。

| 81. | 看人孩擔毋知重，看人降子毋知痛，降子就像剁指痛，母恩廣大愛稱頌。 |
|---|---|

註 孩擔：挑擔子；降子：生子

釋 看別人挑擔不知重，看別人生子也不覺痛。母親生子就像剁指一般痛，母恩廣大值得人人稱頌。

| 82. | 爺哀生時毋孝順，死後何勞噭鬼神，有食有著顧自身，不孝爺哀志難伸。 |
|---|---|

註 爺哀：父母；噭：哭

釋 父母在世時不知孝養，死後又何勞對著鬼神哭泣，衣食豐足就只顧自家享用，不孝順父母的子弟必定會有志難伸。

83. 兄弟凡事莫計較，都係爺哀共腹生，兄弟同心家運盛，子嫂毋睦是非生。

註 爺哀：父母；子嫂：妯娌

釋 兄弟凡事不計較，都是父母同腹生。兄弟同心家運昌，如果妯娌不睦就會衍生許多是非禍端。

84. 夫莫嫌妻生來爙，妻莫嫌夫運來遲，家有賢妻勝西施，同心定有得運時。

註 爙：弱小

釋 娶妻娶德，先生不應嫌妻子弱小不夠出眾，而先生只要老實又勤奮，為人妻就應予鼓勵，切莫嫌夫運遲來。家有賢妻遠勝古代越國西施，夫妻同心家道必定會慢慢昌盛。

85. 勸人惡事莫去做，頭頂三尺有神明，常思爺哀大恩情，大孝尊親一等人。

註 爺哀：父母

釋 惡事勸人莫去做，舉頭三尺有神明。子女應常思及父母養育之恩，大孝尊親就是第一等人。

| 86. | 兄弟分家成鄰舍，上晝分家下晝借，有借有還係鄰舍，有借沒還分人瀉。 |
|---|---|

註 上晝：上午；下晝：下午；分人瀉：讓人說閒話

釋 兄弟一旦分家就成鄰居，上午分了家，下午自己需要又缺的東西就要向對方借用，有借有還是鄰居，有借不還就會讓人說閒話了。

| 87. | 總愛有決心，鐵棍磨成針，兄弟和氣泥成金，子嫂毋和家難興。 |
|---|---|

註 子嫂：妯娌

釋 做任何事情總要有決心，鐵杵也能磨成針，兄弟和氣泥土也會變黃金，如果妯娌不睦，家道就難以興盛。

| 88. | 貧窮愛畜豬，富貴愛讀書，毋驚做到兩頭烏，就愁子弟毋讀書。 |
|---|---|

註 畜豬：養豬；兩頭烏：早出晚歸

釋 農業社會，貧窮人家必須養豬貼補家用，而富貴人家要鼓勵子女受良好教育，以繼承家業。貧家父母為了養家，不怕早出晚歸的勞苦工作，就只擔心子女不愛讀書。

| 89. | 畜豬愛好糠，蒔田愛好秧，花開滿園自然香，孝順子弟人讚揚。 |
|---|---|

註 好糠：好的飼料；蒔田：插秧

釋 養大豬隻必須要有好的飼料，好秧一半穀，插秧也要有好的秧苗。滿園花開自然香氣四溢，孝順子弟也會受到人們的讚揚。

| 90. 公婆一條心，泥土變黃金，家庭經營愛用心，和氣勝過千萬金。 |
|---|

釋 夫妻同心黃土變金，家庭經營要用心，一團和氣勝過家囤萬金。

| 91. 兄弟毋和外人欺，子嫂毋和門背企，兄弟子嫂知讓利，較貪兄弟也會知。 |
|---|

註 企：站；子嫂：妯娌

釋 兄弟不和容易受到外人欺，如妯娌不和，連到兄弟家都只能在門後站著。兄弟妯娌如果能夠相互尊重和謙讓，心性再貪兄弟也會知道，家庭自是一團和氣。

| 92. 四五六月日頭長，窮人毋得著禾黃，家貧輒輒空米缸，大細愛畜傷肝腸。 |
|---|

註 日頭長：日照時間長；毋得著：等不及；禾黃：稻穗成熟；輒輒：經常；大細：小孩；畜：養

釋 農曆四到六月正值夏天白天日照長，也正是作物收成青黃不接的時刻，窮苦人家的米缸也經常是空的。為了養育一家人，其間的無奈真會傷肝斷腸。

| 93. | 三歲打爺爺歡喜，三十打爺爺激死，做人子女明道理，善待爺哀愛慈悲。 |
|---|---|

註 爺哀：父母

釋 三歲小孩不懂事，動手拍打父親，父親覺得可愛心生歡喜；已成年三十歲的兒子，如果出手毆打父親是大逆不孝的行為，父親是會非常生氣的。做人子女要明道理，要用慈悲孝順的心情善待雙親。

| 94. | 三虎必有一豹，三子必有一孝，讀書多來多不孝，戇直子弟天照料。 |
|---|---|

註 戇直：憨厚老實

釋 三虎必有一豹和三子也必有一孝均表示三個孩子當中，必定有一位表現較為特殊的。讀書多思想開放，也多會有自私不孝的心態，教育水準低，憨厚老實的子弟，反而更能善盡孝道，自然也會得到老天更多的疼惜和照料。

| 95. | 烏牛變毋成赤牛，敵人變毋成朋友，難得知心一好友，愛好珍惜化煩憂。 |
|---|---|

註 烏牛：水牛

釋 水牛變不成黃牛，敵人也變不了朋友。人生旅途得一、二知己足矣，要好好珍惜，相互規勸可化解煩憂。

96. 看樹愛看根，看人愛看心，侍奉爺哀愛盡心，孝順子弟人人欽。

註 爺哀：父母

釋 一棵樹能否長高長大要看根部是否穩固，而看一個人的良莠也要看這人的心性好壞。侍奉雙親一定要盡心盡力，孝順子弟是人人所欽佩的。

97. 兄弟和共廳堂，夫妻和有商量，還細阿爸像片牆，年老體衰愛幫忙。

註 共廳堂：住同一屋簷下；還細：還小

釋 兄弟和睦可生活在同屋簷下，夫妻感情融洽，凡事都能共同研商，家庭生活必定幸福美滿。小時候看到父親就像一片牆一樣高壯有力，如今年老體衰就該由子女費心照料，使能安享晚年。

98. 菜賤有好愁，菜貴驚人偷，細人從細惜過頭，成人長大就知愁。

註 細人：小孩

釋 菜賤會傷農，菜貴又怕偷，道出了農人的無奈。小孩從小疼過了頭，長大成人依賴心重，自難生存於社會，會增加父母的擔憂。

99. 菜瓜吊到大，細人跌到大，毋驚細人好搞怪，就愁佢等驚失敗。

註 細人：小孩；佢等：他們

釋 絲瓜在棚架上吊著長大，小孩也在跌跌撞撞中慢慢成長，不擔心小孩頑皮好搞怪，就擔心他們做事怕失敗。

**100.** **多子多女多冤家，少子少女成蓮花，子女漸漸會成家，愛留老本顧自家。**

註 冤家：吵架；蓮花：比喻為清淨

釋 子女多容易意見分歧，吵鬧不休，子女少家庭較為無爭而清淨。為人父母要了解子女長大成家，出外獨立生活的事實，要留些老本照顧自己比較妥當。

**101.** **千里求神去燒香，毋當屋下敬爺娘，爺娘恩情放兩旁，想愛成功係浪想。**

註 係：是

釋 遠方求神去燒香，遠不如在家以真誠的心善待父母。如將父母的養育之恩棄置兩旁，不孝子弟想要事業成功只是妄想而已。

**102.** **兄弟和土變金，子嫂和家業興，夫妻生活愛同心，天下太平靠母親。**

註 子嫂：妯娌

釋 兄弟同心，黃土變金；妯娌和家業必定興旺。夫妻生活一定要要同心，而天下太平最重要是要靠家中母親的教誨。

103. 上床係夫妻，下床講尊卑，做人上下你愛知，話多一定惹是非。

註 上下：長幼

釋 夫妻上了床是夫妻，下了床就要講尊卑，相互尊重，這些看似簡單的的道理必須知曉。說話也要言簡意賅，口無遮攔，話多了一定會惹出是非。

104. 三個婦人家，當過一張車，外表容貌不如花，敬老扶幼人人誇。

註 當過：抵得過

釋 三位婦人家在一起的吵雜聲抵得過一輛行車的噪音。女人外貌雖非如花似玉，但能懂得敬老扶幼，一定會獲得鄉里人們誇讚。

105. 四個婦人家，當過戲棚下，盡驚餔娘大喇叭，像屋簷鳥嘰嘰喳。

註 當過：抵得過；盡驚：很怕；餔娘：太太；屋簷鳥：麻雀

釋 四位婦人家在一起的吵雜聲，就好比野臺戲棚下觀眾七嘴八舌的喧鬧聲。娶妻就怕娶到愛說話的大喇叭，整天就像麻雀般嘰嘰喳喳令人厭煩。

106. 人心換人心，八兩換半斤，膣親膦親都係親，對待爺哀愛真心。

註 膣：女性生殖器；膣親：女方親友；膦：男性生殖器；膦親：男方親友

釋 做人凡事要將心比心，就好比八兩換半斤一樣公平對待。男方雙親是親，女方雙親友也是親，都要用真誠的心平等對待。

107. 不孝心臼三餐燒，有孝妹仔路途遙，心臼入門較惜兜，家門和順毋使愁。

註 心臼：媳婦；妹仔：女兒；較惜兜：多疼惜一點

釋 媳婦雖不孝順，但起碼三餐有煮熱食供應，而貼心孝順的女兒雖想孝養雙親，卻遠嫁他鄉無法奉侍。媳婦進了家門要多加疼惜，家門必定更加和順。

108. 三個小郎三擔樵，一個細姑是非頭，心臼多來會相鬥，家官家娘多好愁。

註 小郎：小叔；細姑：小姑；是非頭：撥弄是非的源頭；家官：公公；家娘：婆婆

釋 三位小叔出門上山會挑三擔薪柴回家，而家裡有一位小姑就是在公婆面前撥弄是非的源頭。家中媳婦多不免勾心鬥角，必將增加公婆許多煩憂。

| 109. | 兄弟子嫂愛和好，相互忍讓第一寶，家庭和睦愛敬老，孝子出路一定好。 |
|---|---|

註 子嫂：妯娌

釋 家庭中兄弟妯娌間要和平相處，能相互忍讓才是最重要的。家庭和睦要先禮敬長者，孝順子弟一定出路好。

| 110. | 若愛小兒安，常帶三分寒，有錢難買少年寒，飢寒逼出了好漢。 |
|---|---|

註 三分寒：三分飢寒，比喻不能過分驕寵

釋 若要小孩未來長大能平安自立，就不能過分驕寵，也必須嚴加管教。俗云：「有錢難買少年貧」，貧窮會逼出吃苦的成才好漢。

| 111. | 一寸土地一寸金，千金難買爺哀情，親不親係故鄉人，毋係親戚就係鄰。 |
|---|---|

釋 有土斯有財，寸土寸金的觀念深植人心，但千金也難買故鄉的親情，出外碰到故鄉人會有親不親是故鄉人，不是親戚也是鄰的親切感。

| 112. | 濕樵就難燒，驕子就難教，驕子害子愛明瞭，較大產業毋罅了。 |
|---|---|

註 毋罅了：不夠賠

釋 濕柴難燒著，太驕寵的小孩也難教好。為人父母應該明

瞭驕子是害子的道理，縱使為他們留下的諾大產業也可能會化為烏有。

113. 降子過學堂，降女過家娘，生男生女都共樣，教子愛有好心腸。

註 降子：生子；過學堂：接受教育；降女：生女；家娘：婆婆；共樣：一樣

釋 傳統社會重男輕女，生兒子就送學堂接受教育，生女兒就及早嫁為人婦，接受婆婆教導。現代的社會生男生女都一樣，首要教育子女存有好心地。

114. 自家倈仔當成寶，別人倈仔當成草，惜子毋好像惜寶，無受飢寒難耐勞。

註 倈仔：兒子；飢寒：比喻磨練

釋 自己兒子就當寶，把別人兒子當成草，這種自私的行為不足取。疼惜子女不能像寶貝般的呵護，因為沒有受過磨練的小孩難成就事業。

115. 食就食阿爸，做就顧自家，有食擲忒老人家，孽子報應正知差。

註 食：吃，在此統稱吃住；阿爸：在此喻為家裡；自家：自己；擲忒：丟棄

釋 為人子女平常吃住都用家裡的，而做事所得又歸自己所有。食豐足時如將父母棄之不顧，必然會生出不肖的孽子還報己身，到時就悔之晚矣！

116. 養子毋教育，蒔禾毋割穀，積善人家天會顧，會出好子添福壽。

註 蒔禾：插秧

釋 生養子女不教育，就好比插秧沒照料一樣會欠收。積善人家老天自會眷顧，也會生出好子孫為老人家添福添壽。

117. 家火係毋燒，野火毋會來，吵鬧定會傷爺哀，兄弟和氣會生財。

註 家火：兄弟鬩牆；係：如果；野火：在此喻為外力；爺哀：父母

釋 家中兄弟如能和睦相處，自然不會受到外力的挑撥干擾，如果經常吵鬧不休，一定會傷到父母的心。兄弟和就會萬事興，也會帶來財氣。

118. 兄弟子嫂讓爲先，家庭生活像神仙，毋使一定賺大錢，孝順爺哀擺頭前。

註 子嫂：妯娌；毋使：不必；頭前：前面

釋 兄弟妯娌間能以禮讓為先，家庭生活必像神仙般的快活。居家不一定要賺大錢，只要懂得把孝順父母擺優先，自然家運就會昌盛。

119. 懶尸又懶尸，織布哪來絲。子嫂和合毋藏私，賢孝公婆天會知。

註 懶尸：懶惰；子嫂：妯娌

釋 懶惰成性好逸惡勞，織布哪來絲線呢？妯娌和平相處不藏私，能用孝心侍奉公婆，老天會賜福與你。

120. 驕子如殺子，嚴父出孝子，驕子畏苦吮手指，寒門清苦出孝子。

註 吮手指：意謂不成材

釋 過分驕寵小孩就會等同如殺子般的殘忍，嚴父式的教育往往能教出孝順的孩子。驕寵的孩子畏苦難成材，經寒門清苦的磨練才能調教出刻苦孝順的孩子。

121. 學會四尾好嫁人，愛知真相問細人，細人天真毋騙人，愛好教育出能人。

註 四尾：針頭線尾、灶頭鍋尾、田頭事尾及家頭教尾；細人：小孩

釋 女孩具備了傳統要求婦女的四項能力就可準備嫁作人婦了。要了解事情的真相要問小孩，因為小孩天真不騙人。因此要讓小孩接受正確良好的教育，將來才能出人頭地。

122. 少年毋知勤爲學，長大拿紙去求人，別人毋係自家人，讀書正係聰明人。

釋 少年不知勤學早，長大學識不足，不諳文書，只得拿紙求人代書文件。但是別人並非自家人，有求必應，能夠認真讀書才是聰明人。

 1

| 123. | 富貴多炎涼，骨肉多猜忌，手足之情係天意，莫爲私利傷和氣。 |
|---|---|

釋 炎涼之態，富貴更甚於貧賤；忌妒之心，骨肉尤狠於外人。然而手足之情是天意的安排，要和睦相處，不要為了私利傷了和氣。

| 124. | 家中無才子，官從何處來，家中有出好秀才，好事就會密密來。 |
|---|---|

註 密密來：接著來

釋 家中沒教出成材的孩子，官從何處來；如果家中出了秀才，好事就會接著來。

| 125. | 有食兩公婆，無食兩面鑼，家貧畜子真辛勞，床頭吵愛床尾和。 |
|---|---|

釋 家庭衣食豐足，夫妻生活自然融洽，如果三餐不繼，就容易爭吵不休。貧家養育子女非常辛苦，夫妻也會因瑣事爭論不休，但還是要秉持俗話說的「床頭吵床尾和」來經營夫妻關係。

| 126. | 天上最美係星星，人間最美係溫情，散居兄弟愛惜情，相見正有好心情。 |
|---|---|

釋 天上最美的是星星，人間最美的是溫暖的親情。兄弟姊妹長大散居各地，仍要珍視這份親情，偶有相見才會有好心情。

127. 打虎捉賊親兄弟，出陣相剛父子兵，無比父子過較親，維護親情愛用心。

註 出陣：出征打仗；相剛：殺敵

釋 打虎捉賊要親兄弟，出征殺敵要父子兵，因任何的感情也比不過父子之情緊密信賴，所以親情的維護必須要用心經營。

128. 多子多冤牽，少子像神仙，原鄉毋知麼儕先，老來無親真可憐。

註 冤牽：憂愁牽掛；原鄉：往生；麼儕：何人

釋 子女多必多牽掛，而子女少煩惱少，會過得像神仙般的快活。人生無常，夫妻誰先往生是未定之天，要好好珍視相處的時光，老來無親相伴是件可憐的事情。

129. 細人好食糖，後生想餔娘，少年立志有理想，事業成功招吉祥。

註 細人：小孩；後生：年輕人；餔娘：太太

釋 小孩喜歡吃糖，年輕人想早日成婚。少年如果懂得立志有理想，他日事業成功必招來吉祥。

130. 做事閃西風，食飯擎碗公，凡事忍耐肯用功，到尾一定會成功。

註 閃西風：閃躲不做事；擎：拿

釋 做事就東躲西閃，吃飯又拿大碗公，好吃懶做是難成就事業的，如果遇事能忍耐又用功，到最後一定會成功。

| 131. | 婆媳有笑會集福，管佢食飯也食粥，孝順公婆自有福，贏過宮廟去點燭。 |
|---|---|

註 佢：他

釋 婆媳相處和睦，不論貧富都會聚集福氣。懂得孝順公婆的媳婦自會有好的福報，功德勝過到宮廟去點光明燈。

| 132. | 好人毋會翻舊帳，好狗毋會吃舊屎，無牛正知牛好駛，孝順爺哀愛及時。 |
|---|---|

註 爺哀：父母

釋 修養好的人不會翻舊帳影響和氣，好狗也不會去吃被吃過的屎。沒牛才知道牛對農事的好處。孝順父母也要及時，莫待子欲養而親不待的遺憾。

| 133. | 做人就愛知規矩，不孝心臼從子起，爺哀漸漸有年紀，毋好淨知顧自己。 |
|---|---|

註 心臼：媳婦；爺哀：父母

釋 做人要懂得做人的規矩，不孝媳婦都是兒子太嬌寵所造成。父母一生辛勞，如今年事漸老，為人子女要知反哺，不能光顧自家的享樂。

# 第二篇
# 修身與養性

134. 莫道東來莫道西，道東道西道自己，後背莫論他是非，安分守己煩惱稀。

註 道東道西：說他人是非；後背：背後

釋 閒來莫論人是非，因為來說是非者，就是非人。因此絕不可在別人背後說三道四，安分守己才不會遭致不必要的煩惱。

135. 鼓毋打毋響，話不說不明，講話簡單又分明，恁樣正係聰明人。

註 恁樣：這樣；正係：才是

釋 鼓不打不響，話不說不明，講話要簡單又條理分明，這樣才是聰明人。

136. 冤有頭來債有主，事無分明莫賴人，忍讓正係好事情，何必一定愛贏人。

註 正係：才是

釋 冤有頭債有主，任何事情真相未明前，絕不可去誣陷別人。凡事忍讓才會得到好結果，不必處處與人計較一定要贏過別人。

137. 人行有腳印，鳥過會敨毛，烏心頭路你係做，老天毋會放你過。

註 係：如果

釋 人走過會留下腳印，飛鳥空中飛過也會掉下羽毛，凡走過必留痕跡。如果你昧著良心賺取不當利益，老天爺是不會放過你的。

138. 朋友講信義，兄弟愛讓利，忍讓他人有福氣，前途事業會順利。

釋 交朋友要講信義，兄弟相處要相互讓利。凡事忍讓就會招來福氣，對自己事業發展也會更加順利。

139. 雜草多少莊稼，空話多智慧差，莫貪小利莫冤家，話係忒多人緣差。

註 莊稼：農作物；冤家：與人爭論結冤；係：如果；忒多：太多

釋 地不勤耕必定雜草多，莊稼少，話多無物智慧差。為人處世不可貪圖小利，更不可處處與人結冤，信口開河的人必定人緣差。

140. 有錢就愛知施捨，無錢也愛勤持家，省儉用錢莫亂花，家運昌盛人人誇。

釋 有錢人家要懂得施捨助人，貧窮苦也要懂得勤儉持家。平時家用要節制，家運必定慢慢昌盛，也會獲得他人的誇讚。

141. 毋好恁多嘴，話多人無愛，唆是弄非你盡會，猴形鬼相像狗吠。

註 恁：那麼；唆是弄非：挑撥是非；猴形鬼相：舉止輕浮

釋 為人處事言語要謹慎，話多惹人嫌。鎮日只會挑撥是非，舉止輕浮，說出的話別人也會當狗吠一樣不予採信。

142. 有人就有事，莫插別人事，人多就強好做事，人多嘴多會誤事。

釋 所謂人事，有人就有事，千萬別多管閒事。人多力量大，做起事來也容易成功，但是人多嘴雜也會誤事。

143. 送人一束花，餘香留自家，毋好項項顧自家，哪有恁多戇人家。

註 恁多：那麼多

釋 送人一束花，自己也可分享餘香。任何利益如果只顧自己不與人分享，哪會有那麼多憨厚人家讓你占盡便宜。

144. 做人讓一步，毋驚行無路，堵著利益做戇牯，老天一定會照顧。

註 堵著：碰到；戇牯：憨厚不爭的人

釋 做人只要懂得謙讓，就不怕無路可走。碰到利益交關時不與人爭利，憨厚的人會得到老天的照顧。

145. 慈悲無敵人，智慧無煩惱，做人處事心肝好，平平安安食到老。

註 食到老：活到老

釋 心存慈悲的人不會製造敵人，運用智慧可化解煩惱。做人處事能時時心存善念，將會平平安安活到老。

146. 跈著好人學好人，跈著獅仔學咬人，毋好項項愛贏人，是非善惡愛分明。

註 跈著：跟到

釋 跟到好人會學做好人，跟到獅子會學咬人，顯示了朋友的重要性。處世要懂得利益共享不占便宜的念頭，也要有明辨是非善惡的智慧。

147. 路係無行會生塞，兄弟分家硬似鐵，批評他人留口德，各人修行各人得。

註 係：如果；生塞：雜草叢生難以通行；硬似鐵：互不相讓

釋 久不走動的道路會雜草叢生，兄弟分家往往會為了私利不知禮讓。批評他人要留口德，且要思其堪受。萬般帶不去，只有業隨身，各人修行各人得。

148. 獨木毋成橋，單磚毋成牆，堵著事情莫逞強，記得愛摎人參詳。

註 毋：不；堵到：碰到；摎人：和人；參詳：商量

釋 獨木造不了一座堅固的橋，單磚也砌不了完整的一片牆。遇到事情千萬要冷靜不能逞強，記得要多找人研商才能理出最佳處理方案。

149. 蒔田會有穀，有量會有福，招福毋使行遠路，積善人家就有步。

註 蒔田：插秧；毋使：不必；有步：有辦法

釋 插秧又細心照料就會有稻穀收成，有肚量的人才會招來福氣。求福不必向行遠路，積善人家就會慢慢突破困境。

150. 田脣可堵水，心正可驅鬼，無去欺人毋驚鬼，心有慈悲享富貴。

註 田脣：田埂

釋 田埂可堵水防漏，心正就可驅魔。做事要能心存善念不欺人，就不怕受到外力干擾，一心常存慈悲的人必享富貴。

151. 花若盛開蝴蝶自來，人若精彩天自安排，曉得食虧就人人愛，淨想贏人就天會怪。

釋 花若盛開，蝴蝶自會飛來採蜜，人如果自身條件俱足，老天也會有最好的安排。處世懂得吃虧讓利就會受人喜愛，而處處想占便宜，就會受到老天的懲罰。

152. **人情留一線，日後好見面，天大罪惡留情面，寬容相待化恩怨。**

釋 窮寇勿追，人負我也要為對方保留一些情面，因為日後大家還會見面。別人即使犯滔天的罪惡也要為對方保留情面，只有寬容才能化解恩怨。

153. **求人愛求真君子，濟人愛濟急時無，有志毋驚事來磨，財不施捨等於無。**

釋 求人要求真君子，幫人要救急不救窮。有志就不怕事來磨，財不施捨等於無。

154. **人人心中有支尺，是非善惡自家隔，老天目珠金晳晳，欺神欺人鬼會攎。**

註 自家隔：自己拿捏；目珠：眼睛；金晳晳：銳利的樣子；攎：抓

釋 人人心中有把尺，是非善惡要靠自己拿捏。老天的眼睛是雪亮的，昧著良心做出欺神欺人的事，遲早會遭逢惡運。

155. **你係心肝好，到處人情好，事業發展一定好，平平安安食到老。**

註 係：如果

釋 你如果心地善良，到處都會受人歡迎，對事業發展有很大的幫助，人生旅途也會平安順遂。

156. 人人都想金銀寶，老來健康正係寶，財多名高多煩惱，少慾知足有較好。

釋 金銀財寶人人要，對老年人而言，健康才是寶。財多名高的人也多煩惱，少慾知足才能生活自在。

157. 毋好逞你強，毋好罵人戇，時機一到無共樣，到時毋知嘛儕戇。

註 戇：笨；無共樣：不一樣；嘛儕：什麼人

釋 處事也不能太逞強，更不可以隨意辱罵他人，因為別人也默默耕耘，時機一到會翻轉人生，到時到底誰是笨，就未定之天了。

158. 福本無雙至，禍就不單行，做事愛照規矩行，邪心邪術天毋驚。

釋 好事難成雙，壞事卻會接踵而來。做任何事情都要照規矩行事，如果心存邪念，雖獲得短暫的利益，老天是不會放過你的。

159. 毋好憑你小聰明，毋好憑你計謀多，項項贏人損失多，一山還有一山高。

釋 做人要實在，不耍小聰明，更不可使計謀去騙人。如果凡事都要與人爭強鬥勝，別人會對你敬而遠之，無形中少了人緣將損失更多，要知道一山還有一山高。

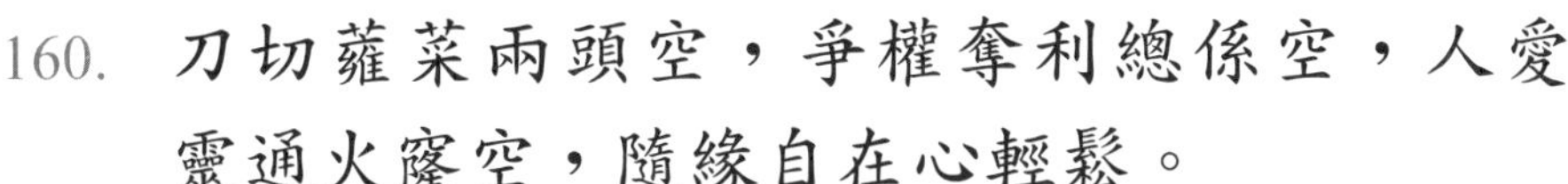

160. 刀切蕹菜兩頭空，爭權奪利總係空，人愛靈通火窿空，隨緣自在心輕鬆。

註 蕹菜：空心菜；窿空：中空通風

釋 刀切空心菜兩頭空，爭權奪利到頭來也總是空。處世頭腦要靈通，就如燒火薪柴必須中空，隨緣自在度日，心情自會輕鬆。

161. 食人頭路愛注意，毋好貪圖人小利，用心做事知讓利，天惜戇人會順利。

釋 為人工作要注意，不可貪圖他人小利。凡事用心又知讓利，天會疼惜憨厚的人，工作自然會順利。

162. 事情愛摎人商量，毋好拗蠻強主張，惡手毋當雙手強，尊重他人係良方。

註 摎人：和人；惡手：比喻能幹的人；雙手：比喻多人的智慧；係：是

釋 任何事情要多與人研商，才能理出最佳方案，千萬不可蠻橫強做主張。要知道再能幹人的智慧也抵不過眾人集思廣益來得周密，尊重他人才是良方。

163. 有心留到臭，無心毋過晝，將心比心相照顧，心寬个人較長壽。

註 晝：中午，上午叫上晝；下午叫下晝；个：的

釋 有心為了留一小片自視為珍品的肉來答謝他人，會一直等待時機，待送出手時可能肉已發臭，相反的，如果是無心的人，這片肉是無法留過中午的。所以做人做事要將心比心，互相照顧，心寬的人較為長壽。

164. 德者才之主，才者德之奴，有才愛有德來補，有才無德人受苦。

釋 道德是才能的主人，才能是道德的奴隸。有才能要有道德來約束，有才無德的人所做所為將會使別人遭受到痛苦。

165. 中秋過後月尚明，清明過後花還濃，家中瑣事莫去噥，日頭漸落煙霞紅。

註 噥：碎碎唸

釋 中秋過後月亮依然明亮，清明過後花香依舊濃郁。遲暮老人不好對家中瑣事嘮叨不休，因為日即暮而猶煙霞絢爛，要好好享受晚年生活。

166. 理字無幾重，萬人扛毋動，做人做事知輕重，日後慢慢會成功。

釋 「理」字沒多重，但是萬人卻扛不動。做人做事要是懂得輕重緩急，慢慢就會獲得成功。

2-1

167. 算命係有靈，世上無窮人，天理做事莫刻情，毋使到處問神明。

註 係：如果；刻情：刻薄寡情；毋使：不必

釋 算命如果有靈驗，那世上就沒有窮人了。做事只要心存天理，待人不刻薄寡情，工作自然順利，不必到處去求神問卜。

168. 懶尸想發財，目瞎有錢拈，非分之財莫去貪，貪圖小利人人驚。

註 懶尸：懶惰；拈：撿

釋 懶惰想發財，那瞎子都可撿到錢了。非分之財不可貪，貪小利必失人緣，相對助緣少也會減少成功的機會。

169. 逢人講話愛細義，閒言閒語得人畏，食了酒又好嗒滴，得罪著人就容易。

註 細義：小心；嗒滴：話多不實際

釋 逢人說話要小心，道長論短是不會受歡迎的，尤其喝了酒又說些不切實際的話，那就會容易得罪別人。

170. 樹大招風風損樹，人爲名高名喪身，雖有功名落在身，謙虛正能守好身。

釋 樹大招風風會損樹，人位高權重時也容易敗德喪身。因此，縱逢機遇功名加身，惟謙才能常在。

171. 有心做事毋畏苦，有難老天會挷手，害人之心愛消除，積善人家會脫苦。

註 挷手：幫忙

釋 有用心做事就不畏苦，即使碰到困難，老天會暗中協助化解。害人之心不可有，積善人家就會慢慢脫離貧窮。

172. 人惡就好惹是非，心存善念由在佢，做事愛曉存天理，老天自會照顧你。

註 由在佢：由他去；愛曉：要知道

釋 人惡人怕天不怕，人只要心存善念，別人的事就由他去。做事只要懂得心存天理，老天自會照顧你。

173. 天賢一人度眾愚，天富一人濟眾貧，平時多做好事情，若个祖公會有靈。

註 度眾愚：度化愚痴的眾生；濟眾貧：濟助眾人免於貧窮；若个：你的

釋 天賢一人是要他去度化愚痴的眾生；天富一人也是要他發心濟助貧窮的眾人。平時能夠多做些好事情，你的祖先也會有靈驗來庇佑你。

174. 忘冤莫忘恩，忘功莫忘過，冤仇係毋隨風過，就會越想越難過。

註 係毋：如果不能

釋 人有恩於我不能忘，冤則不能不忘；我有過於人不能忘，功則不能不忘。如果不能將別人對你的冤仇隨風而逝的話，就會越想越難過。

175. 花開滿園自然香，八月秋風漸漸涼，順其自然莫勉強，心情開揚勝藥方。

註 開揚：開朗

釋 滿園花開自然到處飄香，農曆八月的秋風就會感覺涼意了。為人處世也要順其自然，切莫強求，因為開朗的心情才是療癒身心的最佳良方。

176. 惡畏人知有善念，善急人知係惡根，惡人改過能自新，勝過僞善假好心。

釋 為惡而畏人知，惡中猶有善念；為善而急人知，善處即是惡根。所以曾經失足為惡的人能改過向善，遠勝過偽善的假好人。

177. 多愁必多病，心寬體自安，不如意事心會酸，係毋放下心難安。

註 係毋：如果不能

釋 心不開朗多愁必多病，反之，心寬體自安。碰到不如意情事難免會心酸，但是事過境遷還不放下的話就難心安了。

178. **心情好毋好，面容會講話，面容絕對無花假，毋使自家騙自家。**

註 無花假：不虛假

釋 一個人心情好不好，面容會說話，一目了然絕不虛假，不用偽裝來自欺欺人。

179. **心善子孫盛，根固枝葉榮，積善之家毋怕窮，會出好子增光榮。**

釋 時時心存善念的人，子孫必定昌盛，就像大樹根固，枝葉一定榮茂。積善人家就可慢慢脫離貧窮，也會生出好子孫，光耀門楣。

180. **錢財如糞土，仁義值千金，千金難買平安心，毋好爲財過勞心。**

釋 忠義之士視錢財如糞土，仁義才值千金。縱有千金也難買一顆平靜安祥的心，千萬不可為了謀財而過度勞累，累壞了身體，得不償失。

181. **無志空長百歲，有志不在年高，莫憑官銜有幾高，儉能養廉人品高。**

釋 志不立，天下無可成之事，有志不在年高，無志空長百歲。人如倖得高位也要潔身自愛，因為節儉才能鍛鍊出清廉高尚的品格。

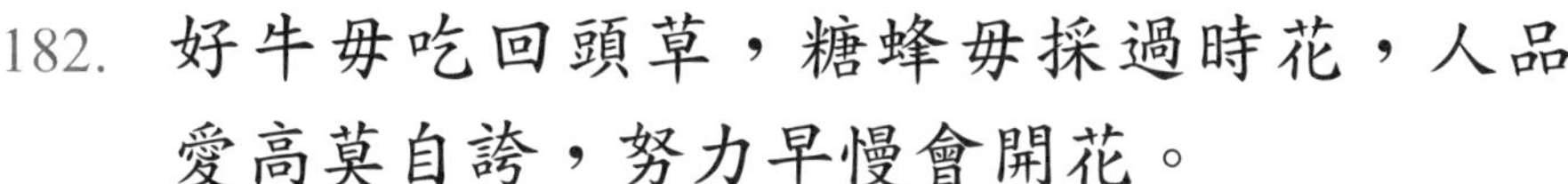

182. 好牛毋吃回頭草，糖蜂毋採過時花，人品愛高莫自誇，努力早慢會開花。

註 糖蜂：蜜蜂

釋 好牛不吃回頭草，蜜蜂也不採即將凋謝無蜜的過時花。人品要高不自誇，只要努力，早晚會得到成功的果實。

183. 滿桶水毋會響，半桶水響叮噹，大雨坑水急又響，人有修養毋多講。

釋 裝滿水的桶子挑動時不會發出聲響，半桶水才會響叮噹。下大雨時，山澗溪水聲又急又響，而人的修養越高，話語就越謹慎。

184. 命裡有時終會有，命裡無時有也無，積德行善心肝好，煞猛一定有結果。

註 煞猛：努力工作

釋 命裡有時終會有，命裡無時有也無。一個人只要心地好又能堅持積德行善，努力打拚就一定會有好結果。

185. 戇姐婆惜外孫，戇鴨嫲孵雞春，愛心付出無議論，積德會出好子孫。

註 戇姐婆：笨外婆；孵雞春：孵雞蛋；無議論：不計較

釋 笨外婆疼外孫，好似笨母鴨孵雞蛋一樣，是愚笨又不切實際的行為。是凡事只要能以愛心付出，平日行善積德的人家就會出好子孫。

186. 歲月摧人老，毋好強過勞，煞猛打拚有成果，體泰心安就係寶。

註 煞猛：努力工作；係：是

釋 時間慢慢催人老，不要好勝操勞過度，只要按部就班努力打拚就會有成果，到了老年能夠體泰心安才是最重要的。

187. 想愛身體好，先愛除煩惱，清心少慾正係寶，三餐毋使食恁好。

註 正係：才是；毋使：不必；恁：那麼

釋 若要身體好，先要除煩惱，清心寡慾才是寶，三餐飲食還是清淡好。

188. 人人都想居福地，係無積德無機會，心善个人有福氣，福人正會居福地。

註 係：如果；个：的

釋 人人都想居風水寶地，如不積陰德是絕無機會，只有時時心存善念行好事的人，才是有福之人，有福之人才會居福地。

189. 滿桶水毋會響，半桶水響叮噹，人多自然力就強，滿園花開自然香。

釋 裝滿水的桶子挑動時不會發出聲響，半桶水才會響叮噹。人多自然力就強，滿園花開時自然處處飄香。

190. **財多雖然好，財去人安樂，有捨有得愛先學，財聚人散無安樂。**

釋 財多雖然好，但利要與人共享才能獲得內心的平靜安樂。要學會有捨才有得的態度，因為財聚人散了也就難得安樂。

191. **有知識愛有智慧，係無智慧貪小利，自私自利人人畏，枉費爺哀个鼓勵。**

註 爺哀：父母；个：的

釋 處理事情除了基本知識，還要運用智慧。缺少智慧貪圖小利的行為是令人討厭的，也枉費了父母對你的栽培和鼓勵。

192. **貧賤夫妻百世哀，千年修來共枕眠，夫妻恩愛好心情，忍他讓他無事情。**

釋 雖言貧賤夫妻百世哀，但只要夫妻恩愛，也能共度難關。夫妻能同床共枕是千年修來的福分，只要彼此恩愛就會有好心情，能相互忍讓，家庭也必定一團和氣。

193. **老夫少妻對面坐，兩人想法各異心，夫妻本愛一條心，各懷鬼胎成路人。**

釋 老夫少妻雖然看似恩愛，面對面坐著，其實各懷鬼胎，想法各異。夫妻本該一條心，如果各懷鬼胎就成路人了。

194. 公婆總係公婆，床頭吵床尾和，有緣結成了公婆，係無忍讓愛如何？

註 公婆：夫妻；係無：如果沒有

釋 夫妻就是夫妻，床頭吵要床尾和，既已有緣結成了夫妻，為了家庭的和樂，如不相互忍讓又能如何。

195. 山路無行會生塞，話久無講會打結，冤家宜解不宜結，仇邊人多愛毋得。

註 生塞：雜草叢生難以通行；愛毋得：要不得

釋 久無人走動的山路就會雜草叢生，難以通行，久不開口說話舌頭也會打結。冤家宜解不宜結，身邊仇人多不是好事，將會影響事業發展。

196. 他人成功他人搋，他人有財他人福，牛食禾稈雞食殼，隨緣自在也係福。

註 搋：努力；禾稈：稻草；係：是

釋 別人成功是別人努力的結果，擁有錢財也是別人的福氣。牛吃稻草雞吃殼，是各自的因緣果報不同。凡事不強求，能隨緣自在過生活也是一種福氣。

197. 山高難遮日，竹密難擋水，行正毋使來驚鬼，運壞毋好怪風水。

註 驚鬼：比喻擔心小人

釋 山再高也難遮蔽太陽，竹子再密也難擋水流過。一個人做事只要居心正直，就不用擔心小人，而時運不濟要重新振作，不要責怪風水地理。

198. 好漢做事毋張揚，煞猛就可度災荒，慈悲和善面有光，心存惡毒近災殃。

註 煞猛：努力工作

釋 好漢做事不張揚，辛勤工作就可度過困境。慈悲和善的人臉面會顯現光澤，而心懷不軌就離災殃之路不遠了。

199. 有錢三十爲尊長，無錢八十係閒人，利益愛捨莫贏人，一定會出好事情。

註 尊長：受人尊敬的人；閒人：不被重視的人

釋 只要有錢，即使年輕也會受到他人的恭維尊敬；如果貧窮，即便年屆八十也不會得到他人的關愛眼神。懂得凡事禮讓不爭的人，助力多就會有好的果報。

200. 黃連苦時根也苦，甘蔗尾甜歸身甜，做官就係愛清廉，毋驚食飯會攪鹽。

註 攪鹽：拌鹽巴

釋 黃連苦連根也苦，甘蔗如尾部甜，整根都甜。當官就是要清廉，哪怕吃飯拌鹽也不能改變堂堂君子的堅定立場。

| | |
|---|---|
| 201. | 窮毋怕怕債，病毋怕怕痛。愛做家庭好家翁，就愛又痴又知聾。 |

註 家翁：公公和婆婆

釋 貧窮不可怕，努力就可獲得改善，怕的是債，會增加心裡的壓力。病不可怕，用心就診會改善病況，怕的是病痛帶來的折磨和痛苦。要當令人尊敬的好公婆，就要懂得又痴又聾的道理。

| | |
|---|---|
| 202. | 細人皮膚實在靚，就係拉尿得人驚，細妹恁靚人人嫌，就該張嘴得人驚。 |

註 細人：小孩；靚：漂亮；恁：那麼；該：那

釋 小孩皮膚細嫩實在漂亮，就是隨時撒尿讓人怕怕。小姐漂亮卻惹人嫌，就是那張多話的嘴讓人厭。

| | |
|---|---|
| 203. | 嘴冇屎朏硬，信用走淨淨，閒事莫管心愛淨，話係講多出語病。 |

註 嘴冇屎朏硬：喻說話不負責任；走淨淨：跑光光；係：如果

釋 一個人只會空口說白話，就會信用破產。平時要心地清淨，莫管他人閒事，而且要謹言慎行，因為話多必露語病遭人厭。

204. 若愛世上人心足，山做黃金海做田，凡人少有毋貪錢，無照規矩損福田。

釋 要想滿足世人貪得無厭的心，就只有山做黃金海做田才有可能，因為一般人少有不貪財戀錢的，但如果不照規矩，謀取不當利益是會折損自己福田的。

205. 雞嫲啼會剁頭，雞公啼係本分，做人做事愛認分，無守本分人議論。

釋 公雞司晨是本分，母雞司晨就逾越了本分，是會遭到殺頭的，比喻昔日人婦難為。做人做事要認清自己的本分，不守本分就會遭人議論。

206. 桂花無風十里香，玉蘭有風香三里，人無本事莫假知，頭腦冷靜明是非。

釋 桂花盛開時，無風也可飄香十里，玉蘭花開在有風的情形下也只能飄香三里，顯示內涵的重要性。人沒本事別裝懂，必須保有冷靜的頭腦才能明辨是非。

207. 虛心百事能成，驕滿會食惡果，葫蘆水滿葫會倒，蓋世功名謙能保。

註 驕滿：驕傲自滿

釋 凡事能虛心處理就容易成功，常懷驕態會自食惡果，就好比葫蘆裝滿了水就會倒。因此，即使擁有了蓋世的功名，也只有謙虛才能常在。

208. 做生理愛講信用，偷斤減兩無路用，烏心賺錢難受用，日後報應正知痛。

註 生理：生意

釋 做生意要講信用，偷斤減兩遲早會事跡敗露，得不償失。昧著良心賺取的黑心錢絕難受用，不要等到他日果報來時就為時已晚了。

209. 一代無好妻，三代無好子，人人都望降好子，無積陰德吮手指。

註 降：生；吮手指：喻沒希望

釋 一代無好妻，三代都出不了好子弟。雖然人人都想生出好子孫，但不積德行善是不可能實現的。古人說：「閨閫乃聖賢所生之地，母教乃天下太平之源。」

210. 再好草山有瘦牛，再好良田有冇穀，有量積德會有福，一人得福庇滿屋。

註 冇穀：不飽滿的穀子

釋 再好的草山都還會養出瘦弱的牛，再好良田有也會產出不飽滿的穀子。人要有度量又能廣積陰德才會有福報，而一人得大福報就會庇蔭全家人。

211. 世上無難事，只怕心毋專，隨緣做事不求官，安分守己心會安。

釋 世上無難事，只怕心不專。凡事只要認真做，不必冀求顯達任仕，能安分守己求得心安也是很好的事情。

212. 世上無人騙，牛馬無人變，人心不同如其面，忠厚毋好摎人騙。

註 摎人騙：去騙人

釋 世上如果沒騙徒，就沒人會輪迴做牛馬了，善有善報，惡有惡報。人心不同，各如其面，做人要心存忠厚，不可欺騙他人。

213. 若要世間人情好，借出錢財莫去討。計畫就愛重結果，邪心毋會有善果。

釋 若想得到世間人情好的名聲，就只要把借出錢財不去催討就可以了。任何的計畫最重要是要能獲得好結果，心存邪念是難得善果的。

214. 世亂奴欺主，時衰鬼欺人，愛做世上人上人，心存忠厚莫欺人。

註 鬼：比喻小人

釋 亂世時連自家奴僕都敢欺負主人，時運衰敗的時候也會有一些小人來欺負你。如果要想成為世上的人上人，一定要心存忠厚，不可仗勢欺人。

215. 家庭重倫理，遊戲重規則，用計騙人使毋得，貪圖小利失人格。

釋 家庭生活要重倫理，就如遊戲也必須依規則進行。為了私利使計騙人是要不得的行為，貪圖小利就會喪失人格。

216. 做人愛自愛，莫分人過嘴，事情無人摎你代，係無煞猛空褲袋。

註 分人：給人；過嘴：讓人說閒話；摎你代：幫你代勞；煞猛：努力工作；空褲袋：喻難成就事業

釋 做人要自重自愛，就不會讓人閒言閒語。自己的事要自己處理，不能期望別人代勞，不努力將一事無成。

217. 幫人幫到底，送佛送上天，貧窮富貴莫怨天，長樂可比活神仙。

釋 做人要守信，答應幫人就要幫到底，送佛要送上天。貧窮富貴是自己努力的果報，切莫怨天尤人，只要能保持快樂的心境，就能活得像神仙般的自由自在。

218. 入鄉愛從俗，入港愛從灣，路係毋通知轉彎，事情正會有圓滿。

釋 入鄉要隨俗，好比大船入港必須依港灣規定隨彎進入，才不致發生危險。做人也要依理而行，路徑不通要知轉彎，切莫一意孤行，才可將事情處理圓滿。

| 219. | 爲惡庭前春雪，爲善草裡冬瓜，不當利益眼前花，果報現前正知差。 |
|---|---|

釋 為惡的果報就如庭前的春雪，福分會慢慢消失；而為善的果報也如草裡冬瓜，福分會慢慢的增長。以不當手段獲取的利益，就像眼前美麗的花朵，很快就會凋謝，等到果報現前就為時已晚了。

| 220. | 寧行十步遠，莫冒一步險，做人做事愛檢點，毋好做差分人嫌。 |
|---|---|

註 分人：給人

釋 為了自身的安全，寧可多繞十步的遠路，也不可冒險踏出危險的一步。做人做事要深思，行為要檢點，避免做錯惹人嫌。

| 221. | 路滑就難行，貪得分人嫌，路狹留兜分人行，毋好項項想愛贏。 |
|---|---|

註 分人：給人

釋 道路泥濘就難以通行，人如貪得也會惹人嫌。路徑狹處要留些空間與人先行，不可凡事都想贏。

| 222. | 山有山个高度，人有人个的深度，做事就愛頭尾顧，弱勢組群揙照顧。 |
|---|---|

註 揙：幫忙

釋 山有山的高度，人有人的涵養深度。做人處世要能思慮周全就容易成功，而在有能力時也不要忘了照顧弱勢族群。

223. 毋使愁來毋使慮，做事就愛照規矩，橫打直過無禁忌，無照天理唱無戲。

註 橫打直過：蠻橫不講理

釋 做事只要按規矩行事，就不用擔心會遭到太多的橫阻。如果毫無禁忌又不依天理行事，到最後就難成就事功。

224. 比上不足心愛在，良心做事莫使壞，事能知足心常泰，用心計較毋自在。

註 愛在：要穩定自在

釋 人心不足蛇吞象，比上不足比下有餘，要保持一顆清淨的心靈。做事一定憑良心，莫使壞心眼，知足第一富，事能知足心常泰，如果凡事計較就難自在。

225. 只要有人緣，毋愁無餘錢，做工賺食爲了錢，有了餘錢好買田。

釋 只要人緣好，自然事業發展順利，經濟情況也會獲得改善。出外辛勤工作是為了賺錢養家活口，有了餘錢就可置產安定家業。

226. 一年動兵刀，十年無太平，安分守己心神定，欺壓善良天會評。

註 兵刀：戰爭

釋 國家只要發動一年的戰事，即使經過十年的休養生息也難回復往日太平的日子。人要安分守己，心神自然安定，如仗勢欺人，老天自會評斷也會給予應得的懲罰。

227. 勤快多汗水，求人事難成，汗水多就多收成，口涎多無好事情。

註 口涎多：口水多，比喻話多

釋 辛勤工作汗水多定會有好收成。求人不如求己，因為求人的事難成，話多就會容易惹出事情。

228. 天生一隻鳥，地生一束黍，日日懷恩又知足，生活自然會幸福。

釋 大自然非常神奇，天生一隻鳥，地就會長出一束黍來餵養牠。人也一樣，只要天天懷著感恩又知足的心，生活自然會感到幸福。

229. 人生就像坐火車，各站都有人下車，人老毋使嚇自家，最後任務係放下。

釋 人生就像坐火車，每站都有人下車。人老也不必自己嚇自己，要放鬆心情歡度餘生，因為萬般帶不去，最後任務是放下。

230. 一人一種心，百人百樣情，平生多做好事情，死後正會上天庭。

註 上天庭：往生極樂世界

釋 人心不同各如其面，一人一種心，想法各異，百人也有百樣情。只有生平多做些好事情，死後才有可能往生極樂世界。

231. 日出東山落西山，雨後山色共樣青，留兜愛心在人間，老來毋會恁孤單。

註 留兜：留些；恁：那麼

釋 日出東山落西山，雨後山色一樣青翠，都是自然界的常態，人也一樣要多留些愛心在人間，就會受人尊敬得人緣，年老才不會孤單。

232. 一生之計在於勤，一家之計在於和，天時地利愛人和，百忍心中有泰和。

註 泰和：安泰平和

釋 一生之計在於勤，勤能補拙；一家之計在於和，和氣會生財。任何事要想成功必須天時、地利加人和相互配合，百忍心中自會有安泰平和的氣象。

233. 好事不出門，壞事傳千里，待人毋好壞心機，害來害去害自己。

釋 好事不出門，壞事傳千里。待人不能存壞心機，因為害來害去會還報己身的。

234. 少吃腸胃好，毋好食恁多，凡事求精不求多，人多嘴多是非多。

註 恁多：那麼多

釋 若要身體好，飲食要吃少，凡事都要求精不求多。處世戒多言，人多嘴雜是非也會跟著多。

235. 做事情愛講道理，自家做差自家知，毋好強詞又奪理，恁樣正係明是非。

註 恁樣：這樣

釋 做事要講道理，自己做錯了事自己最清楚，要知錯能改，不可強詞奪理，這樣才是明是非的聰明人。

236. 養心需修善，欺心莫食齋，各人造業各人核，管佢吃齋毋吃齋。

註 核：挑、承受；佢：他

釋 修養心性首要是心存善念，如果心存邪念，吃齋唸佛也無濟於事。萬般帶不去，只有業隨身，各人造業各人了，這和吃不吃素毫無關聯。

237. 良言一句三冬暖，惡語一句六月寒，人心難測水難量，後背之議心會寒。

註 三冬：三月寒冬；後背：背後

釋 良言一句，即使在三月寒冬也覺溫暖；而一句惡言，就是在農曆六月酷暑的氣溫下也令人感到心寒。人心難測，海水難量，背後之議會讓受辱者感到心寒。

238. 善人像佛祖，惡人像老鼠，天地萬物各有主，強占他物到尾苦。

註 佛祖：比喻慈悲的人；老鼠：比喻不光明磊落的人；到尾苦：沒好結局

釋 心存善念的人，面相會現佛祖般的慈悲相；而心存邪念的人會像老鼠般的令人厭惡。天地之間物各有主，如果仗勢強取豪奪，到最後是不會有好結局的。

239. 各人心有一分田，好好摎人來結緣，毋使愁慮會欠錢，人幫人就會有錢。

註 摎：和

釋 每人心中都有一分田地，好壞要自己經營。要好好與人結善緣，只要人緣好就助緣多，人幫人就會有錢。

240. 自家心肝愛顧好，他人奸雄他受果，莫說人非有較好，平平安安食到老。

註 自家：自己；心肝：起心動念；奸雄：奸詐

釋 自己的起心動念一定要觀照好，別人奸詐的果報由他人自受。平日切莫對人道長論短，就可以平平安安活到老。

241. 貪圖小利眼前花，貪來貪去害自家，別人目珠毋會花，善惡報應歸自家。

註 目珠：眼睛；自家：自己

釋 貪圖小利就像眼前花一樣很快會凋謝，心存貪念到頭來還是會傷害到自己。大家眼睛都雪亮的，各人為善為惡的果報總會歸自家承受。

242. 棋中不語真君子，財上分明大丈夫，利益分享毋算輸，老天金金有目珠。

釋 棋中不語是真君子，財上分明才是大丈夫。利益與人分享並不算輸，因為老天眼睛雪亮，絕不會讓善良的你吃暗虧的。

243. 來說是非者，就係是非人，良言善語通古今，明辨是非聰明人。

註 係：是

釋 來說是非者，就是是非人，良言善語能化頑冥是通古不變的道理。做人能明辨是非才是聰明人。

| 244. | 馬善分人騎，人善分人欺，做了壞事驚人知，這種人還有藥醫。 |
|---|---|

釋 馬善被人騎，人善被人欺。做壞事又怕人知，這種人有羞恥心，還有藥救。

| 245. | 討餔娘就望降子，積善人家出好子。貧家子弟準牛駛，哪有牛嫲毋惜子。 |
|---|---|

註 餔娘：太太；降子：生子

釋 男人娶妻就望生子，積善人家才會生好子。貧家子弟要幫忙家事，往往會被當牛般的驅使，看在母親眼裡是極心痛的事，哪有母親會不疼惜自己小孩的。

| 246. | 家富小兒驕，國強才子貴。事不關己毋反對，毋好三講四毋對。 |
|---|---|

釋 富人家比較驕寵小孩，驕生慣養難吃苦。國家強盛時，學養俱佳的才子會受到尊貴的待遇。事不關己不要隨便表示反對意見，話多就容易出語病，惹人非議。

| 247. | 慾少精神爽，思多血氣衰，心頭有恨愛放開，係結歸堆運帶衰。 |
|---|---|

註 愛：要；係：如果；歸堆：成堆

釋 少慾知足精神爽，思慮多時血氣衰。心頭有恨要放下，如果糾結成堆將會為自己帶來惡運。

**248. 人不勸不善，鼓不打不鳴，毋好項項愛贏人，留兜福氣分別人。**

註 留兜：留些；分：給

釋 人非聖賢，孰能無過，人不勸不善，鼓不打不鳴。做人不可強占他人便宜，要留些福氣予人共享，才能創造和諧的雙贏局面。

**249. 惡人有惡相，慈悲生瑞相，雙生子面一樣樣，後天修持改面相。**

註 瑞相：慈祥的面相；雙生子：孿生子

釋 惡人有惡相，慈悲生瑞相，即所謂相由心生。孿生子的面相幾乎一模一樣，但後天的修持會改變各自的相貌。

**250. 人多會講出理來，精穀多打出米來，人愛積善愛施財，家運就會旺旺來。**

釋 真理越辯越明，人多能理出較好的思維邏輯，就如好的穀子多就能打出更多的米來。人只要懂得行善布施，家運就會慢慢興旺起來。

**251. 魚見食來毋見鉤，人見利來毋見害，財貨利益人人愛，莫貪小利摎人害。**

註 摎人害：去害人

釋 魚見到餌卻見不到魚鉤，人也是一樣，只要見到利益就忽略可能帶來的禍害。財貨利益人人愛，但不可為貪圖小利而做出損人利己行為。

252. 人品如牆頂草，風吹就兩面倒，種善因會結善果，平平安安食到老。

釋 人品就像高牆上的草，風一吹就隨風倒，見利忘義者多。能多種善因就會結善果，也就會平平安安活到老。

253. 人惡人怕天不怕，人善人欺天不欺，爲善爲惡寸心知，莫使聰明摎人欺。

註 摎：和

釋 人惡人怕天不怕，人善人欺天不欺，這是不變的道理。為善為惡自心最清楚，千萬不可使小聰明欺壓善良。

254. 身體好摎心情好，就係人生兩大寶，三餐飲食莫恁好，心情係好比藥好。

註 摎：和；莫恁好：不要那麼好

釋 身體好和心情好，就是人生的兩大寶。三餐飲食不可吃太好，只要心情愉快就遠勝過任何養身藥補。

255. 庭前春雪慢慢溶，草裡冬瓜偷偷大，善惡果報就恁快，心肝絕對莫變壞。

註 恁：那麼

釋 庭前春雪經日晒會慢慢溶化，草裡冬瓜也會暗暗長大，善惡的果報就像庭前春雪和草裡冬瓜的消長一樣快，所以每個人都應心存善念，為惡是會得惡報的。

**256. 王爺出巡扛大轎，炮聲嚇著細人噭。你係輒輒摎人鬥，毋會白毛也會瘦。**

註 細人：小孩；係：如果；輒輒：經常；摎人：和人

釋 王爺出巡要扛大轎，好不熱鬧，但是隆隆的鞭炮聲常會把小孩嚇哭。為人做事如果好與人爭鬥計較，必會胸中鬱悶，得不償失。

**257. 福佬好吃粥，客人好起屋，耕田就驚割無穀，有量之人會有福。**

註 福佬：閩南人

釋 閩南人喜好吃粥，比較重食；客家人較喜建屋，比較重視居家安定。耕田就怕收成差難度日，心量寬大的人才會有福報。

**258. 人人都有小聰明，你無比人較精靈，貪圖小利恅著精，實實在在係戇人。**

註 恅著：以為；係：是

釋 人人都有小聰明，你也不比他人更精靈，貪圖小利還自以為聰明，其實有這種想法的人才是真正愚笨的人。

259. 遊戲有規則，人愛有人格，使小聰明來貪得，這種行爲使毋得。

釋 遊戲重規則，做人重品格，如使小聰明貪得不當利益，這種行為是要不得的。

260. 酒係穿腸毒藥，貪會喪身敗德，有捨正會有所得，取之不義失人格。

釋 酒淺酌即可，喝多了就成穿腸毒藥，而貪得會喪身敗德。有捨才會有得，取之不義會失去人格尊嚴。

261. 心誠不在話多，酒好不在量多，知心朋友毋使多，話好一定勝話多。

釋 心誠不在話多，好酒也不在量多。朋友不必多，能得一、二知己足矣！好比真誠實語一定比話多更好。

262. 人多好做事，水大好行船，小心駛得萬年船，善行義舉永流傳。

釋 農業社會人多好做事，就好比水流充足也好行船，小心才能駛得萬年船，善行義舉的好名聲會永流傳。

263. 夫妻似鳥同林宿，閒談莫論人是非，兩儕恩愛蓋共被，大限來時各自飛。

註 兩儕：兩人

釋 夫妻本似同林鳥，要恩愛相互扶持，閒談時莫論人是非。兩人平日恩愛蓋同被，但大難臨頭時也可能會各自飛離。

264. 煩惱皆因強出頭，是非也因多開口，舌雖細有千張口，舌動是非跈等走。

註 細：小；跈：跟

釋 煩惱皆因強出頭，是非也因多開口，話多會招尤。舌頭雖小卻有千張口，舌動是非就會跟著多。

265. 耳公兩片皮，口就一張嘴，多聽少說避災害，橫打直過人過嘴。

註 耳公：耳朵；橫打直過：蠻橫不講理；人過嘴：遭人非議

釋 雙耳是由左右共兩片皮肉所組成，口就只一張嘴，就是要我們多聽少言以避禍，蠻橫不講理將會遭人非議。

266. 惡係犁頭善係泥，善人常分惡人欺，天理做事莫自欺，貪圖小利枉心機。

釋 惡人像犁頭，而善人就像田地泥，善人常被惡人欺。做人處世要心存天理莫自欺，因為貪圖小利的結果會枉費心機的。

267. **會算毋會籌，糶米換番薯，壞心摎人來欺負，老天自會有乘除。**

註 毋會籌：不會籌畫；糶米：賣米；摎人：把人；乘除：精算

釋 懂得精算但不會籌畫的人，會做出賣米換番薯的愚蠢行為。一個人如果太善於攻心計，欺壓善良，老天自會對你精算乘除，不得不慎！

268. **事情有難易，人愛有決心，毋驚肩核百千斤，就驚畏縮無信心。**

註 核：挑

釋 事情有難易，只怕有心人。為了理想，千斤重擔也能勇敢挑起，就怕畏縮沒信心，將一事無成。

269. **相見易得好，久居難爲人，立場愛考量別人，知所進退上等人。**

釋 久未謀面的親友相見會受到熱情的招待，但要知所進退，久居就會難為人。做任何事情都要考量別人的感受，能夠知所進退就稱得上是明智的上等人。

270. **刀利毋驚死牛皮，大樹就驚人剝皮，惡馬自有惡人騎，欺善怕惡惹是非。**

釋 只要刀利就不怕死牛皮，大樹若遭剝皮即會枯死。惡馬也自會有惡人駕騎，欺善怕惡就會招惹是非。

| 271. 水果忒熟會敨蒂，人無本事大脾氣，你係自私又自利，人人看著人人畏。 |
|---|

**註** 忒熟：太熟

**釋** 水果太熟會落蒂，脾氣大的人大多沒本事。你如自私又自利，就會讓人對你產生畏懼，敬而遠之。

| 272. 相罵莫幫言，相打莫幫拳，事不關己莫行前，正可避免受牽連。 |
|---|

**釋** 兩方吵架或打架，不可僅為單一方助陣，會把事情複雜化。任何與自己無關的是非都不要靠近，才可避免遭受牽連。

| 273. 莫以財貨害子孫，兒孫自有兒孫福，爲惡金銀堆滿屋，毋當積德少米穀。 |
|---|

**註** 毋當：不如

**釋** 不必為子孫留太多遺產，會貽害子孫，兒孫自有兒孫福，不如安貧樂道，廣積陰德，生活雖較清苦，但必能庇蔭子孫福祉。

| 274. 你有上天梯，偓有落地索，百工百藝有人做，相互尊重毋會錯。 |
|---|

**註** 偓：我

**釋** 上有政策，下有對策，你有上天梯，我就有落地索。百工百藝有人做，要抱持相互尊重的原則，不可隨意批評或侵犯他人。

**275. 天空自有滿天星，心頭瑣事百萬千，痛苦可比豬油煎，心寬知足愛優先。**

釋 天空日夜都有滿天星斗，凡人心頭瑣事也多，如果一味積壓，內心將會如同豬油煎炸一樣痛苦。因此平常要長養心寬知足心態，才能獲得幸福人生。

**276. 一寸光陰一寸金，各人大細惜入心，做事考慮他人心，五百年前也係親。**

註 **大細**：小孩

釋 一寸光陰一寸金，奉勸世人愛惜光陰，天下父母對自己的小孩都是疼入心坎。做事情要考慮到他人立場，將心比心，畢竟五百年前大家也是一家親的。

**277. 處世毋使去邀功，係能無過就係功，見利忘義心莫動，品德第一人稱頌。**

註 **毋使**：不必；**係能**：如能；**就係**：便是

釋 處世不必邀功，如能做到無過便是功。不要見利忘義，品德第一的人才是值得稱頌。

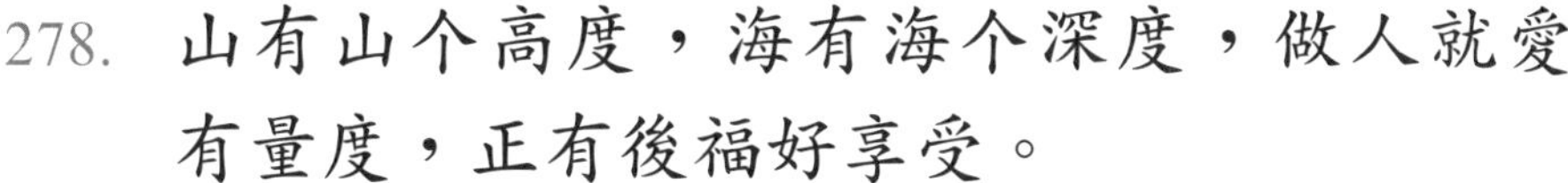

278. 山有山个高度，海有海个深度，做人就愛有量度，正有後福好享受。

註 个：的

釋 山有山的高度，海有海的深度，這是大自然的現象。而做人就要重修養，有度量才能有後福可享。

279. 人要行正道，自家承因果，善惡果報毋係無，莫得惡果正知錯。

釋 做人要存善念走正道，自承因果無人能替。善惡果報是一定有，不要受到惡報時就悔之晚矣！

280. 有錢實在好，無錢也煩惱，仰般正堵好，知足就係寶。

註 仰般：怎樣；堵好：剛好

釋 有錢實在好，可隨心所欲花用；沒錢就煩惱，沒錢是萬萬不能。標準如何衡量，知足才是最重要的。

281. 毋驚食飯傍豬菜，就驚懶尸空褲袋，細妹恁靚人人愛，後生失志人毋愛。

註 傍：配；懶尸：懶惰；細妹：小姐；恁靚：很漂亮；後生：年輕

釋 不怕吃飯配地瓜葉，只要努力就可改變現狀，令人擔心的是懶惰不學無術，當然就會窮苦潦倒。小姐漂亮人人愛，年輕失志就無法引起他人關愛的眼神。

| 282. | 做事有順序，講話愛細義，話無考慮講出去，得罪著人真費氣。 |
|---|---|

註 細義：小心；費氣：麻煩

釋 做事要按規矩照順序，話出口前要慎思，如信口說出，就會容易得罪人，不可不慎！

| 283. | 心中有事世間小，心中無事一床寬。家門和順有餘歡，國課早完心會安。 |
|---|---|

註 國課：國家稅收

釋 心中瑣事纏身就會感到世間狹小難以容身，如能放下，雖窩居陋室也覺寬闊。家人能和睦相處，必定充滿歡樂氣氛，國家稅收早日繳交，可減少心裡負擔。

| 284. | 若愛人不知，除非己莫爲，心存善念惡莫爲，多行不義福會飛。 |
|---|---|

釋 若要人不知，除非己莫為，要時存善念惡莫為，多行不義，福分就會不翼而飛。

| 285. | 付出毋使論功過，凡事就愛隨緣過，千錯萬錯自家錯，他人有錯愛放過。 |
|---|---|

釋 只要真誠付出，成敗就不需去論功過。凡事就要隨緣過，也要抱持著千錯萬錯是自己錯，及他人有錯要放過的開放胸襟。

| 286. | 用知識創業謀生，用智慧處世待人，利益就愛分享人，獨享毋係好事情。 |
|---|---|

釋 創業謀生要專業知識，處世待人就要運用智慧。利益就要懂得與人分享，獨享不是好事情。

| 287. | 心中有忠信，出門人尊敬，莫信命運天注定，善心善念會改進。 |
|---|---|

釋 一個人平日待人處事如能謹守忠和信，出門就會受別人尊敬。不要聽信命運天注定，縱然出身卑微，如能心存善念努力向上，命運是可以改變的。

| 288. | 酒肉穿腸過，多食變罪過，養身愛食清淡好，老來健康無煩惱。 |
|---|---|

釋 再好吃的佳餚美酒也僅是穿腸而過，吃多了反而是浪費，傷身就變成罪過了。養身就要飲食清淡，可減輕身體負擔，老來健康就沒煩惱。

| 289. | 暗中毋好做惡事，天地神明日月知，做人毋好來自欺，實在會有好口碑。 |
|---|---|

釋 明人不做暗事，要暗處不欺隱，做了壞事天地神明都會知曉。做人不可昧著良心自欺欺人，做人實在才會獲得好口碑。

2-1

290. 高山平地有黃金，百項頭路愛用心，拿人十兩還一斤，做人愛有感恩心。

釋 人只要用心，高山平地都是遍地黃金，比喻任何工作只要用心的就會有收穫。滴水之恩要湧泉以報，要有拿人十兩還一斤的感恩心態。

291. 和氣莫發火，善緣結善果，答應他人愛做著，失了信用食惡果。

釋 做人要和氣，莫亂發脾氣，有善緣自會結善果。承諾別人的事情一定要做到，人無信不立，失去了信用就會自食惡果。

292. 凡事隨緣過，妄求多煩惱，不如意事隨風過，心頭清靜第一好。

釋 凡事要隨緣不強求，如一味的追求非分所得就會增添許多煩惱。遇不如意事要有隨風而逝的智慧，保持內心的清靜才是最重要。

293. 省食餐餐飽，省著日日新，日日愛有好心情，勝過歸屋囥黃金。

註 歸屋：整屋；囥：儲存

釋 平日能節制飲食，三餐就能獲得溫飽；平日衣著簡樸，每天也都會有潔淨的衣服穿。人只要隨時保有好心情，知足就勝過滿屋囥黃金。

294. 想起劉玄德，夜夜睡毋得，想大成就必有德，係無陰德不可得。

註 劉玄德：三國時代蜀漢的開國君主

釋 想起三國時代蜀漢的開國君主劉玄德位高權重，再想想自己目前卑微處境，真會難以入眠。想成就大事業必定要廣積陰德，不積陰德是不可能成就的。

295. 一枝動來百枝動，一竅通來百竅融，做人心頭愛放鬆，係無用腦會空空。

釋 樹木經風的吹襲，會牽一髮動全身。解決問題的方法也一樣，只要善用思考就能融會貫通。做人心情要放鬆才能有縝密思考，不然會造成思緒紊亂，頭腦空空。

296. 千金買屋萬金鄰，結好鄰舍好心情，大凡小事愛相憐，遠親毋當好近鄰。

釋 千金能買屋，但要萬金才能買到好鄰居，擁有好鄰居能相互照應就會有好心情。遠方親友雖有情，但遠水救不了近火，絕對比不上好近鄰。

297. 鄰舍無幾家，就愛像自家，親如兄弟無花假，你贏偓輸也無差。

註 鄰舍：鄰居；無花假：不虛假；偓，我

釋 鄰居屈指可數，要像自己家人一樣和睦相處，也要有親如兄弟不虛假的雅量，有些事縱使自己吃些虧也無須計較，有捨才會有所得。

298. 有理壓得泰山倒，無理寸步就難行，毋好邪惡打橫行，廣結善緣有路行。

註 打橫行：橫行霸道

釋 有理走遍天下，無理就寸步難行，做人不可心存邪念，橫行霸道，要廣結善緣，前途道路才會寬廣。

299. 想起乞食仔，自家還較得，各人福分各人得，攀攀比比使毋得。

註 乞食仔：乞丐

釋 想起乞丐的淒涼處境，對比自己目前生活的感覺又還算過得去。各人修持的福分各人得，攀比心態要不得。

300. 老鼠跌落米缸肚，一半歡喜一半愁，不義之財你敢兜，做若子孫有好愁。

註 兜：拿

釋 老鼠跌落米缸裡面，雖然糧食充足但逃生無門，真是一半歡喜又一半憂。如果你膽大妄為敢收取不義之財，惡報不報己身也會還報兒孫。

301. 交人愛交心，淋樹愛淋根，源頭有淨水會清，知恩忘冤會清心。

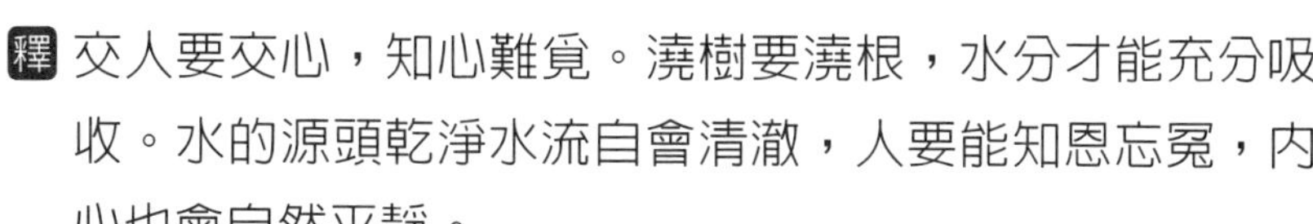

釋 交人要交心，知心難覓。澆樹要澆根，水分才能充分吸收。水的源頭乾淨水流自會清澈，人要能知恩忘冤，內心也會自然平靜。

**302.** **地上無媒不成親，天上無雲毋落雨，人變老係自然理，事莫強求惹是非。**

釋 在傳統社會，男女不經媒妁之言難以成親，天上無雲就無法聚集水氣也下不了雨。人變老是自然現象，凡事要隨緣善變，切莫強求，招惹是非。

**303.** **家貧莫言曾祖貴，好漢哪怕出身低，先祖善惡後人孩，陰功積德會消災。**

註 孩：挑。

釋 家道中落切莫提祖先往昔是何等尊貴，徒增笑柄。好漢哪怕出身低，努力打拚終會有出頭天。祖先的為善積惡會牽連子孫的禍福，而廣積陰德才能消除災解厄。

**304.** **做人毋怕戇，自私人失望，使小聰明壞看樣，家有戇人家運昌。**

釋 做人要憨厚正直，而自私自利的人會令人感到失望。家中如有戇厚不計較的子弟，家庭定會和諧昌盛。

**305.** **想分細人安，常帶三分寒，千年大樹毋畏寒，陰涼樹下苗難壯。**

註 細人：小孩

釋 要讓小孩未來經得起磨練，成就事業，幼年就要讓他們受點苦。樹木不經風霜雨雪的考驗不可能長成千年大樹，而生長在樹蔭底下的樹苗是難以茁壯的。

| 306. 天上星多月不明，池裡魚多浪不平，做事體諒佢心情，忍他讓他無事情。 |
|---|

註 佢：他

釋 夜間繁星明亮就無法突顯出月亮的光芒，池塘裡魚多就會浪不平。做任何事只要能多體諒他人，忍讓就能化干戈為玉帛。

| 307. 食遍天下鹽好，行遍天下錢好，平安知足第一好，人情債高多煩惱。 |
|---|

釋 普天下美食如果少了鹽的調味就難以突顯食物的美味，而現實社會缺錢也寸步難行。人生平安又知足就是第一等的好事，人情債高就會增添許多煩惱。

| 308. 畫水無風空作浪，繡花雖好不聞香，心有慈悲面慈祥，惡人惡相無共樣。 |
|---|

釋 畫得再好的山水畫，浪也是虛構不實的，就像手工繡花雖美也不能聞香。心存慈悲的人面相慈祥，和邪惡之徒的凶煞面相是完全不一樣的。

309. 風吹幡旗動，人心各不同，有人貪財有貪功，侄知分寸心輕鬆。

註 幡旗：古時軍營外直掛的長方形旗子；侄：我

釋 風吹幡旗就會隨風飄動，由於各人修持有別，以致解讀不一。在人生的道德準繩上，有人貪財有人貪功，但自己一定要堅守道德不起妄念，心情自然輕鬆。

310. 越奸越巧越貧窮，奸奸巧巧天不從，邪心邪念心一動，惡報就會跈等送。

註 跈等：跟著

釋 奸偽巧詐的人必定人緣差，事業發展不易，最後就會步上貧窮一途，因奸偽巧詐的人，老天是不會滿你願的。做人處世只要邪念一動，天理昭昭，惡報就會如影隨形，纏繞著你。

311. 道理人人知，講就係係理，喊去做就無半滴，愛好檢討係自己。

註 無半滴：毫無作為

釋 道理人人都懂，有些人說起話來又頭頭是道，但叫他去做毫無作為，要好好檢討的是自己。

312. 廟坪毋使起恁大，神明無靈無人拜，做人你係無實在，前途就會堵風搓。

釋 廟宇不必蓋太大，如果神明不靈驗是很難吸引香客前來膜拜。做人如果虛偽不實，前途就會像碰到颱風一樣難順遂。

| 313. 毋好好發火，發火會傷腦，計較多時多煩惱，到尾正知忍耐好。 |
|---|

釋 做人不可愛生氣，因為生氣會影響到我們的思維判斷。對任何事情計較多時煩惱也會跟著多，到最後才知道凡事還是忍耐好。

| 314. 生活愛自在，心肝拿來拜，邪念一出心變壞，做冇好事正奇怪。 |
|---|

釋 要想獲得輕鬆自在的生活，必須時時檢視自己的起心動念，因為只要邪念一生就會汙染清淨的心田，是做不出什麼好事情來的。

| 315. 黃梨頭來西瓜尾，好吃東西大家知，大名之下難久居，急流勇退真智慧。 |
|---|

註 黃梨：鳳梨

釋 鳳梨頭和西瓜尾是這兩種水果最甜的部分，因為好吃的東西人人都知道。大名之下難久居，久受尊名不祥，能夠急流勇退才是有真智慧的人。

316. 有牛毋知牛辛苦，無牛正知苦倒人，有錢愛憐窮苦人，將心比心一等人。

釋 牛是農民得力幫手，但往往會忽視其辛苦，要等到沒牛時才體會其重要性。有錢人也應當要憐愛窮苦人家，凡事能將心比心，設身處地為別人著想的人，將是為人敬重的一等人。

317. 話語毋使講忒多，三言兩語明就好，話多人會嫌囉嗦，毋當聽話學得多。

註 忒多：太多

釋 說話要言簡意賅，只要三言兩語能夠闡明真相即可。因為話多了人會嫌囉嗦，倒不如多聽可以學得多。

318. 身擁千萬金，難買平安心，過去榮枯記在心，快樂可比海撈針。

註 榮枯：光榮和失敗

釋 平安是福，雖身擁千萬金，也難買到清靜平安的心。如果心中不能放下過去的榮枯事，要想獲得內心真正的平靜和快樂就好比大海撈針一樣困難。

319. 餿飯餿粥容易食，冷言冷語難落肚，善言善語像食補，利口傷人難修補。

釋 酸臭的飯粥還可勉強吞下，而冷言冷語會令人難以接受。一句良善的言語可激勵人心，讓人受惠。利刀割體痕易合，惡口傷人恨難消，豈可不慎！

| 320. 大漏漏毋長，細漏漏燥塘。毋驚世人心炎涼，廣積善緣招吉祥。 |
|---|

釋 大坑洞漏水容易被發現，所以漏不長久，小漏易被疏忽，細水長流慢慢會將滿塘池水漏光。不必擔心世態人心的冷暖，只要能廣積善緣就會招來吉祥。

| 321. 一世做官三世絕，貪官做事惡過賊，常懷慈悲莫缺德，福氣會留子孫得。 |
|---|

釋 一世的貪官會遺禍三世的子孫，其惡行遠勝過盜賊。人應常心懷慈悲，莫做缺德事，善行必定會庇蔭子孫。

| 322. 斬草不除根，遲早還會生，利字當前邪念生，人人看著人人驚。 |
|---|

釋 斬草不除根，春風吹又生。利益當前心生邪念，這種行為會讓人敬而遠之。

| 323. 一點錢銀三點汗，一飽忘了百日飢，做人道理你愛知，口說謊言費心機。 |
|---|

釋 一點錢銀三點汗，賺錢確實不易，不可一飽就忘了長期以來的貧困生活。做人的道理你要明白，說一句謊言，百句也難圓其謊，真會枉費了心機。

324. 賣花講花紅，賣茶講茶香，生理莫去偷斤兩，細水長流正食香。

釋 賣花的說自己的花紅，賣茶的也說自己的茶香，無可厚非。但做生意不可昧著良心去偷斤減兩，只要信用好就會客源不斷，能細水長流才是真正的贏家。

325. 酒莫食忒多，食多上肝火，凡事也愛做堵好，毋係偓个莫去摸。

註 忒多：太多；堵好：適可而止；偓个：我的

釋 酒是穿腸毒藥，淺酌即可，喝多了就會傷肝火。凡事要適可而止莫強求，不是自己當得的利益絕不可去貪取。

326. 欠字壓人頭，債字受人責，做事就愛照規則，橫打直過失人格。

註 橫打直過：蠻橫不講理

釋 欠字壓人頭，欠了債會造成心裡上的負擔，債務未了難免受人責難。做事要照規則，信守承諾，橫行霸道會失去自己的人格尊嚴。

327. 外背風景雖然好，也難稍解心頭鎖，他人小過毋放過，行遍千山難得好。

註 外背：外面

釋 胸中鬱悶，即使外面風景再好，也難解心中的枷鎖。如果連他人犯的小過都無法釋懷的話，即使行遍千山萬水，心情也難以開朗。

328. **得理愛饒人，理直愛氣和，神仙打鼓有時錯，別人有錯愛放過。**

釋 做人讓一步為高，得理要饒人，理直要氣和，因為神仙打鼓有時錯，別人有錯要放過，要給予自新機會。

329. **一朝無糧兵馬散，婚後媒人秋後扇，世人現實多短見，知恩報恩真少見。**

釋 將帥功業再彪炳，只要一朝缺糧，兵馬就會四散，就如婚後媒人和秋後扇已失去功用，便棄之如敝屣。功利社會世人多現實，短視近利，能知恩圖報的真是鳳毛麟角了。

330. **慢結个果毋會大，早開个花毋結果，凡事就愛隨緣好，強求就無好結果。**

釋 慢結的果子因已過了生長季，所以長不大，而太早開的花可能受粉不足也是難結成果實。因此凡事就要隨緣不強求，強求不會有好結果。

331. **哪个公配哪个婆，哪个秤配哪个砣，做人一定信因果，好子毋會結壞果。**

釋 哪個公就配哪個婆，前世已定，哪種秤就要配哪種砣，才能測量精準。做人一定信因果，教養好的小孩就不容易學壞出錯。

332. 今日有官今日做，明日無官賣雜貨，過去功果隨風過，日子正能輕鬆過。

註 正能：才能

釋 今日有官今日做，明日無官賣雜貨，識時務者為俊傑，放下才能自在。縱使過去功業彪炳也都要讓它隨風而逝，活在當下日子才能輕鬆自在。

333. 古人不見今時月，今月曾經照古人，做事毋好爲難人，一氣不來成古人。

釋 古人不見今時月，今月曾經照古人，月亮和道理是亙古不變的。做人要依理而行，不可為難別人，要知道人命在呼吸間，一氣不來就萬事休，爭什麼？

334. 愛捉大魚落大海，愛獵虎豹上山來，煞猛打拚莫貪財，好事就會密密來。

註 煞猛打拚：努力工作

釋 不入虎穴，焉得虎子，捉大魚一定要下大海，要獵虎豹也一定要上山去。做人只要努力又不貪求分外之財，好事就會跟著來。

335. 耳公兩片皮，多聽少言語，明辨是非靠智慧，舌動一多惹是非。

註 耳公：耳朵

釋 耳朵兩片皮肉，口就一張嘴，意謂要人多聽少言。明辨是非要靠真智慧，舌動話多必定會招惹是非。

336. 舌嫲隔脣又隔齒，老天愛偃話語遲，喜時失言鮮廉恥，怒時失禮人不齒。

註 舌嫲：舌頭；偃：我們

釋 舌頭外頭隔脣又隔齒，老天要人多慎言，因為人在喜時容易輕諾失信於人，而在暴怒時又口不擇言，容易失禮得罪別人。

337. 想愛心頭靜，首先愛愼言，一語失誤記萬年，求得諒解難上天。

釋 想要求得內心的清靜自在，首先要慎言。失言對人造成的傷害是難以忘懷的，要想求得諒解難如登天。

338. 言語多時會惹禍，毋當恬恬屋下坐，自家心安無做錯，烏雲就會盡快過。

註 毋當：不如；恬恬：靜靜；盡快過：很快會過去

釋 話多易惹禍，不如靜靜的坐家裡可少惹是非。做任何事情只要自覺心安沒做錯，即使被誤會，烏雲也會很快過去。

339. 毋愁事情歸堆來，就驚自家心毋開，心頭打結思慮衰，圓滿事情無恁該。

註 歸堆來：整堆來；無恁該：沒那麼容易

釋 不愁事情接踵而來，就擔心自己心煩無法迎接挑戰。心情鬱悶思慮就無法周延，想要圓滿處理事情就沒那麼容易。

340. 言語多時人毋愛，失言傷人較厲害，慈顏婉音人人愛，伶牙俐齒招災害。

註 伶牙俐齒：能言善道

釋 話多人不愛，如又因此失言傷了人就罪加一等了。慈祥的容顏、委婉的聲音人人都喜歡，能言善道、信口雌黃就會容易招致災害。

341. 貪色毋怕病，鬥氣毋顧命，好鬥贏人毋係慶，結冤結仇大過病。

註 慶：厲害

釋 貪圖女色的人不擔心花柳上身，好勇鬥狠之徒也往往會忽視自己的生命安全。好鬥贏人並非勇者，結冤結仇的惡果遠超過生場大病。

342. 貧窮教侄愛惜福，成長教侄愛感恩，前人智慧書滿篇，曉得善用贏在先。

註 偓：我

釋 貧窮的生活教會了我要惜福，而成長的過程因受到了諸多教誨，也教了我要懂得感恩。前人的智慧，書本都已記載滿篇，若能善用就會增加成功的機會。

343. 少做缺德事，自有好兒孫，三餐都望食有伸，愛積餘糧度寒冬。

釋 少做缺德事，自會有好兒孫。人人都希望三餐豐足，只有認真打拚才能積有餘糧度寒冬。

344. 人多好種田，人少好過年，人多嘴多多牽連，遠離是非樂無邊。

釋 早期農耕，人多就好種田，人少就好過年。但人多意見多，是非也會跟著多，能夠遠離是非就能清心自在樂無邊。

345. 講講笑笑無關係，講人閒話惹是非，人人心中有隱私，隱惡揚善有智慧。

釋 談笑間天南地北都無傷大雅，但說人閒話就會招惹是非。人人心中有隱私，能夠隱惡揚善才是有智慧的高尚行為。

346. 真言可截鐵，柔語可斷劍，事情毋好硬堵硬，愛知柔正能克剛。

註 斷劍：喻可化干戈為玉帛

釋 語言力量大，真實言語的力量就像利刃可截鐵般強大，而柔順的語言也可化干戈為玉帛。處理事情不可以硬碰硬的方式，要記住柔才能克剛。

347. 嘴渴莫狂飲，肚飢莫暴食，做人規矩又篤實，名聲傳揚有價值。

註 篤實：老實

釋 口渴時不可狂飲止渴，飢餓難耐也不可以暴食，兩者都有礙健康。做人要實在不偏激，好名聲會傳揚出去，就突顯了你存在的價值。

348. 富人思來年，窮人思眼前。面前田地放得淺，有事無人會行前。

註 面前：眼前；田地：心胸

釋 富人衣食無虞，思慮的是來年的計畫和收入，而窮人三餐不繼，只能苦思眼前的溫飽。一個人如果只顧眼前私利又心胸狹窄，遇事就難得到他人協助幫忙。

349. 入門休問榮枯事，觀看容顏便得知，大樹恁榮有枯枝，閒談莫論人是非。

註 榮枯事：順逆事；恁榮：那麼榮茂

釋 入人家門只要觀看對方容顏便知順逆，大樹榮茂也一定會有枯枝，人人心中也都有隱私，閒談時莫論人非才是有道德的行為。

**350. 人嚇人會嚇死人，鬼嚇人就無事情，有錢愛做好事情，運衰時敗人幫人。**

釋 人心險惡，人嚇會嚇死人，鬼都是人虛構的，鬼嚇人是沒事的。錢乃身外之物，有錢要多施捨做好事，廣積善緣，一但運衰時敗才會有人出面相挺，共度難關。

**351. 風鈴花開滿樹黃，莫記冤仇心開揚，毋好摎人對公堂，逆風揚塵自受傷。**

註 風鈴花：農曆三月開花，花期約半個月，開花會掉光落葉，開滿黃花；摎：和

釋 每年風鈴花開時滿樹黃花，煞是美麗。人只要能放下冤仇心態就能像風鈴花開般心胸開揚。千萬不要和人對簿公堂，即便贏了官司也會傷了財，就像逆風揚塵，塵不至彼，還坌己身，自己也會受到傷害的。

**352. 高山一重又一重，人我是非各紛紛，心似泰山坐得穩，莫管閒事心輕鬆。**

釋 一山還有一山高，不用攀比才能活得自在。人我是非紛紛擾擾，只要自己心似泰山坐得穩，別管他人閒事，自然會活得輕鬆自在。

353. 三姑六婆是非多，莫去聽伓自然無，惡口傷人利過刀，善心善念少煩惱。

註 三姑六婆：從事非高尚職業，用來比喻喜搬弄是非的婦女：指尼姑、道姑、卦姑、牙婆、媒婆、師婆、虔婆、藥婆及穩婆等；伓：它

釋 三姑六婆在一起是非多，如不去聽信它，就減少不必要的困擾。惡口傷人利過刀，心存善念不為惡就可減少內心的煩惱。

354. 神明愛人請，人愛人點醒，利慾薰心毋知醒，早慢會出大危險。

釋 神明祭拜或出巡都要經專人請示，而人的聰明才智不一，必須經人點醒，才不致誤入歧途。如果利慾薰心不知覺醒，遲早會遇上大危險。

355. 做人知廉恥，莫講人是非，人情燒冷寸心知，莫去攀緣惹是非。

註 寸心：內心

釋 做人要知廉恥，莫論人是非。人情冷暖寸心知，不隨意攀緣，就不易招惹是非。

356. 頭泡水來二泡茶，三泡四泡正精華，利愛分享大自家，毋好淨淨顧自家。

註 淨淨：只會

釋 泡茶的訣竅：第一泡是洗茶水，必須倒掉；第二泡茶會帶有茶香；第三、四泡才是最精華部分。利益要懂得與人分享，千萬不可自私顧自己，這樣會為人所不齒。

| 357. 燒火愛竂空，人嘴快過風，做人頭腦愛靈通，他人是非莫傳頌。 |
|---|

註 竂空：中空

釋 燒火要旺，柴要架空，用嘴巴散播是非的速度快如風。做人頭腦要靈通，切莫隨意傳播他人是非，以免傷害他人。

| 358. 知足無煩惱，運動身體好，凡事有壞就有好，堵著壞事多用腦。 |
|---|

註 堵著：碰到

釋 知足第一富，知足的人沒煩惱，多運動身體自然好。凡事有好也就有壞相對應，不幸碰到壞事要多用心思考，終會找到解決問題的出口。

| 359. 頭枋春茶人人愛，茶米香甘好入嘴。做人實在莫多嘴，空口白話人過嘴。 |
|---|

註 頭枋：第一批；茶米：茶葉；人過嘴：惹人非議

釋 第一批經過寒冬洗禮後的春茶，深受人們喜愛，因為泡出來的茶特別香醇好入口。做人要實在不搬弄是非，而空口白話說多了就會惹人非議。

| 360. 萬般都係命，半點不由人，事莫強求莫羨人，隨緣正有好心情。 |
|---|

釋 萬般都是命，半點毋由人，勤能補拙，命運是可以改變的。凡事盡心，切莫強求也無須羨慕別人，隨緣度日就會有好心情。

| 361. 千差萬差自家差，怪上怪下莫怪他，大凡小事莫冤家，擲來擲去擲自家。 |
|---|

註 莫冤家：不與人結冤吵架；擲來擲去：鬧來鬧去

釋 事情一旦會出錯，要有千錯萬錯都是自己的錯，不責怪別人的雅量。凡事都不要與人計較結冤，因為事情鬧到最後，自己也會受到傷害。

| 362. 積善之家有餘慶，有大德者後必昌，心無邪念面有光，斤斤計較心會慌。 |
|---|

釋 積善人家必有餘慶，有大德行者後嗣必定繁衍昌盛。心無邪念宅心仁厚的人，面相會有慈悲的光澤，而凡事計較患得患失的人，內心必會顯得慌亂不堪。

| 363. 渴時一滴如甘露，醉後添杯不如無，做人實在朋友多，用心計較項項無。 |
|---|

釋 渴時一滴如甘露，而醉後添杯就不如無。做人實在能吸引朋友，助力多就容易成功，如果凡事計較，到頭來將是一場空。

364. 心寬正可以容人，養心莫善於寡慾，做人就愛像蠟燭，毋好像个風吹竹。

註 个：那

釋 心胸寬大才有容人的雅量，也只有寡慾知足才能清心自在。做人要像蠟燭般點燃自己照亮別人，不可像風吹竹兩面倒般的見利思遷，會失去人格尊嚴。

365. 贈人以言勝珠玉，傷人以言利過刀，社會豺狼虎豹多，謹言慎行可避禍。

註 豺狼虎豹：形容人面獸心的惡徒

釋 良言贈人勝珠玉，惡口傷人利過刀。社會上人面獸心的豺狼虎豹多，只要能謹言慎行即可避禍。

366. 世人都羨長壽好，好吃懶做改不了，道理人人都知曉，就係脾氣難化了。

註 難化了：難以改正

釋 世人都羨慕能活得長壽，但是好吃懶做的習性改不了。道理人人都知曉，只是世事都好去，脾氣還是難化了。

367. 罪惡莫過瞋，難行莫過忍，委屈愛往肚裡吞，百忍毋會傷人倫。

釋 瞋恨是罪惡的根源，難行莫過忍，難忍能忍，可排除萬難饒益眾生。所有不平和委屈要往肚裡吞，堅持百忍才能化解干戈，不傷人倫。

368. 念念常有臨敵日，心心常似過橋時，孝順子弟得天時，機會來臨不宜遲。

註 過橋時：戰戰兢兢，如履薄冰

釋 人生的道路崎嶇，要保持如履薄冰的戒心。凡事都要天時、地利、人和配合才能成功，孝順的子弟已先占得天時之利。當機會來臨時要事不宜遲，緊緊抓住，才有成功機會。

369. 無針難引線，無水難行船，錢銀曉得分人賺，急難自然有商量。

註 毋斷糧：比喻會得到朋友的幫助

釋 有線無針難上手，有船無水難行船。利益當前能夠與人分享，就能廣結善緣，當身處危難時自然就會得到幫助，度過難關。

370. 海水舀不盡，知識用不完，人事反覆煩不完，書中自有清心丸。

釋 海納百川，海水舀不盡；學海無涯，知識的學習和運用也是無窮無盡的。由於人事反覆不一，會讓人覺得心煩不已，這時可由書中找到解決問題的清心丸。

371. 自家無米煮，愁人無菜食，做人一定愛篤實，煞猛毋驚賺無食。

註 篤實：老實；煞猛：勤奮工作

釋 自家都無米下鍋，還去憂愁別人沒菜吃，是多管閒事又不自量力。做人一定要老實守分，再加上勤奮工作就不愁吃不溫飽了。

372. **才者德之奴，德者才之主，有才無德業難守，禍延子孫正知苦。**

釋 才能是道德的奴隸，道德是才能的主人，有才無德，如家無主而奴婢用事，焉不魍魎猖狂，不但已成基業難守，他日禍延子孫才後悔就為時已晚了。

373. **知足最上財，無病最上利，剛豬就驚刀無利，人心就驚忒勢利。**

註 剛豬：殺豬；忒勢利：太勢利

釋 知足是最大的財富，身無病痛是第一等的好事。殺豬就怕刀不利，而人心最怕的是貪心又勢利。

374. **兩人養馬瘦，兩人養船漏，官清馬也瘦，貪者多好鬥。**

釋 兩人養匹馬，就會相互卸責，馬必定養得又瘦又乾；維護船隻也是一樣，兩人共同維護一條船也容易漏。清官因無餘錢買糧草，所以養的馬也必不肥壯，而貪得無厭的人往往會計較個人私利，常與人爭鬥。

375. 待有餘後濟人，必無濟人之日，人心不足難過日，善行義舉像節日。

釋 要等到經濟有餘裕才去濟助別人，必定遙遙無期。不知足的人凡事計較難度日，而經常行善布施的人，心情會像過節般的歡樂。

376. 在山泉水清，出山泉水濁，貓嬤惜子徙移竇，幼子毋教有好愁。

註 竇：巢

釋 山泉源頭乾淨，湧出的水是清澈的，但當流經山澗經沖刷後，水就會變得混濁，比喻人的後天環境影響不容忽視。母貓為了保護初生貓仔安全，會經常搬移巢穴，小孩幼教未做好，長大成人就會為父母增添許多煩惱。

377. 順境不足喜，逆境不足憂，山林美景當清幽，心煩意亂難享受。

釋 人生在世，順境不足喜，逆境也不足憂，要順逆一如，內心自然平靜。就好比清幽的山林美景，沒有一顆恬靜的心靈也是無法享受到的。

378. 只怕僞君子，毋驚真小人，心隔肚皮真難尋，處處爭利係小人。

釋 世上最可怕是偽君子，而不是真小人，因為人心隔肚皮，真偽難辨，但處處與人爭利的必定是小人。

379. 山中修行易，紅塵修行難，話驚講多心怕煩，無求正係清心丸。

註 正係：才是

釋 出世之道，在入世之中，隱遁山林修行只能獨善其身，而紅塵誘惑多，想成就佛道就非易事。人就怕話多心煩，隨緣無求才是保持內心清靜的一劑良方。

380. 人生比毋完，慾望填毋滿，利慾薰心心頭煩，少慾知足正圓滿。

釋 由於每個人的條件不同，不用攀比，就和慾望一樣永遠也填不滿。如果整天競逐名利，內心必定煩悶不安，只有少慾知足才是最豐足，最圓滿的人生。

381. 偉人統治別人，智者降服自己，損人利己莫歡喜，報應來時就知死。

釋 偉人有能力統治別人，但一個能降服自己的人才是真正的智者。損人利己的行為不足喜，他日果報降臨時就會後悔莫及。

382. 世事茫茫如流水，休將名利掛心頭，名利重擔險過橋，跌落深潭有好愁。

釋 世事茫茫如流水，要保持一顆清淨自在的心，千萬不可時存名利的念頭，因為盲目追逐的後果是和過險橋一樣，一步踩空就有跌落深潭的憂慮。

383. 黃葉無風自落，秋雲無雨常陰，伏魔愛先伏自心，降服自心一等人。

釋 秋天的黃葉無風也會自落，而秋天少雨，所以秋雲無雨又常陰，兩者都是自然現象。要降服心中的惡魔就要先降伏紊亂的自心，能降服自心的人才是第一等人。

384. 緣來本機遇，惜緣情分長，安樂只係平常，知足正係仙鄉。

註 係：是

釋 緣來本是機遇，惜緣才能情分長，安樂只是尋常家飯，知足才是仙鄉。

385. 人無橫財不富，馬無野草不肥，人死留名虎留皮，留好名聲傳千里。

釋 人無橫財不富，勤能補拙，馬無野草不肥則是鐵的事實。人死留名虎留皮，人要愛惜羽毛，好的名聲會流傳千里，為人稱頌。

386. 朝看花開滿樹紅，暮看花落樹已空，人生短短快如風，萬般計較總係空。

釋 朝看花開滿樹紅，暮看花落樹已空。人生也如白駒過隙，短暫快如風，要好好珍惜時光。凡事隨緣過，萬般計較到頭總是空。

387. 過謙者宜防佢詐，過默者宜防佢奸，官場難辨係忠奸，好壞存心一線間。

註 佢：他

釋 表現過分謙虛或沉默的人，都要慎防他們偽詐伎倆。人心隔肚皮，尤以官場難辨的是忠奸，好壞只在個人的一念之間。

388. 但願世人常無病，哪怕櫃上藥生塵，惡像逆風來揚塵，到尾自家難脫身。

釋 希望世人都能健康無病痛，不怕櫃上的藥蒙上灰塵，這是一種慈悲心態，值予誇讚。為惡的果報就像逆風揚塵一樣，到最後自己也會沾汙難脫身。

389. 相打莫幫拳，相罵莫幫言，人微言輕莫勸言，他事莫管心自閒。

釋 別人打架或吵架不可助陣一方，都會惹怒另一方。一個人如果位卑職小就無須自不量力去勸解他人，少管閒事才能安心自在。

390. 人愛重修養，牛馬重夜糧，田有勤耕毋缺糧，人有修養招吉祥。

釋 為人處世最重要就是人品修養，牛馬也要有充足的夜糧才能養肥養壯。田地勤耕就不怕缺糧，人有修養也是會招來吉祥。

391. 日日愛有好心情，也愛良心做事情，慈眉善目多好人，面帶凶煞嚇死人。

釋 一個人每天都要保有良好的心情，也要憑著良心去做事情。面容慈祥者多屬好人，面帶凶煞的壞人會讓人心生畏懼。

392. 重擔自家孩，人情大過債，堵著事情心愛在，人情燒冷莫去怪。

註 孩：挑；燒冷：冷暖

釋 碰到任何困難要自己承擔，求人不如求已，因人情債難還。遇事要氣定神閒莫慌張才能突破困境。人情冷暖是現實社會的普遍現象，不必去怪罪別人。

393. 世人積善好敬者，天地自會降福臨，心存善念莫害人，天天都有好心情。

註 好敬者：知道禮敬長輩的人

釋 為人只要懂得行善積德和禮敬長輩的話，天地神明自會降福於他。如果時時心存善念，去除害人的心，天天一定都會有好心情。

394. 世間無人三代富，也無三代做窮人，布施積德勸化人，後代就會出賢人。

釋 世間無人三代富，也無三代做窮人，說明富家子多驕奢終會落敗，而窮家子弟勤儉終會發達。人如懂得布施積德又能勸化人，就會生出賢能的後代子孫。

**395. 自家能力自家知，毋係專業莫假知，人之大患好爲師，做人就愛知謙虛。**

釋 自己能力多寡自己最清楚，不是自己的專業切莫裝懂去教導或糾正別人。孟子曰：人之大患在好為人師。做人就要懂得謙虛。

**396. 有錢就敗家，無錢正理家，項項自私爲自家，歸尾結果伸自家。**

註 歸尾結果：到最後

釋 有錢就敗家，必將自食惡果；沒錢才理家，將悔之晚矣！任何好處都自私只顧自己，別人會敬而遠之，到最後只剩自己孤軍奮戰，也就難成氣候了。

**397. 食人个俸祿，功夫愛做足，奸雄鬼計天會搉，良心做事添福祿。**

註 奸雄鬼計：奸詐不實；搉：搗蛋

釋 替人工作領取報酬，功夫一定要做足，才不會愧對自己良心。做人如果奸詐不實的話，是會受到老天懲罰，只有憑著良心做事才能增添自己的福祿。

| 398. | 燈盞無油火難光，禾仔無肥苗難旺，割穀先愛禾苗壯，積德就會世代昌。 |
|---|---|

註 燈盞：早期貧窮人家用來夜間照明的油燈；禾仔：稻子

釋 燈盞無油就無法點亮，稻子缺少肥料，禾苗也難長得壯旺。稻穀要有好收成一定要讓禾苗壯，為人只要懂得種德施惠，子孫必能世代昌盛。

| 399. | 寡婦門前是非多，學堂頭前道理高，惡語傷人利過刀，處世慎言就係寶。 |
|---|---|

註 頭前：前面

釋 獨居的寡婦家門前必定是非多，而教育的學堂門前可聽到高深學問。惡語傷人利過刀，處世最重要的就是要慎言，口中少言，自然禍少。

| 400. | 毋驚路毋平，就驚理毋正，心肝愛淨人要正，成就事業就愛拚。 |
|---|---|

釋 不怕前行的道路崎嶇，就怕心術不正，不依理而行。做人要內心清淨，為人正直，只有認真打拚才能成就事業。

| 401. | 惡狼難敵眾犬，惡手難打雙拳，做事毋好驚艱難，做人就愛結善緣。 |
|---|---|

註 惡手：強壯的單手，形容能力強的個人；雙拳：形容眾人的團結力量大

釋 一隻再凶狠的惡狼也敵不過眾犬的合作力量，能力強的個人智慧也同樣難敵眾人集思廣益來得周密。做事不要怕艱難，只要做人能廣結善緣，得道多助，事業也會容易成功。

**402. 打鐵捉火色，耕田搶季節，貨品好壞靠目色，人品高低看人格。**

註 目色：眼力

釋 打鐵要趁熱，火色要靠師父敏銳的判斷，耕田也要依時序才會有好收成。要判斷貨品的好壞要靠眼力，至於評斷一個人的品格高低，就要觀其平日的為人處事行為。

**403. 救架毋好救一片，聽話毋好聽一面，考驗人品愛用錢，知足正能樂無邊。**

註 一片：單一邊

釋 勸架不可出手為單方助陣，可能會引發更大爭端，聽話也不可只聽片面之詞，容易被誤導。錢財是考驗人品的最佳利器，人要知足才會感到快樂無邊。

**404. 一山難容兩虎，一家難有兩主，千軍萬馬一人主，人多嘴多難做主。**

釋 一山難容二虎，一家也難容二主，均會引發內鬥，難得和諧。千軍萬馬也只能由將帥一人統領，多頭馬車勢必會指揮失序。任何公眾事務如果人多嘴雜，意見就不易達成共識。

405. 借錢笑咪咪，還錢詐毋知，人有多少壞心機，信用毋好老孤栖。

註 詐：假裝；孤栖：孤單

釋 借錢時笑咪咪，還錢時就東躲西藏，這就是所謂朋友莫談錢，談錢多牽連。普羅大眾大多有貪財戀錢的壞心機，當一個人信用破產時，朋友會日漸稀少，就會面臨老年的孤單生活。

406. 先日有錢錢當沙，今日無錢苦自家，老來無錢苦哈哈，怪來怪去怪自家。

註 先日：從前

釋 先前有錢時把錢當泥沙般揮霍無度，才會落到今日無錢的苦日子，到了老年還過得苦哈哈的日子，只能怪自己過去荒唐的日子。

407. 再嫁莫誇前夫，老來莫誇當初，從無聖賢毋讀書，只有戇人話當初。

釋 再嫁的婦女不要回頭去誇耀前夫，徒增笑柄；年老退休也莫誇先前的豐功偉業，已毫無意義。自古以來，能成聖成賢的先哲都愛讀書，只有不思進取的憨人不讀書又喜話當初。

| 408. | 食人毋贏盤兜走，打人毋贏擲石頭，天大本事毋好驕，煞猛就會有出頭。 |
|---|---|

註 食人：與別人分享食物；兜走：端走；煞猛：努力工作

釋 與別人共同分享食物，吃輸人就整盤端走，打架輸人就拿石頭丟擲人家，兩者都是小人作法。有天大本事也不能心存驕態，驕態易失敗，而努力工作的人慢慢就會有出頭天。

| 409. | 有錢兩子爺，無錢變別儕，社會人心真可怕，愛用教育來感化。 |
|---|---|

註 兩子爺：兩父子；別儕：別人

釋 現實社會，父親有錢是父子，沒錢就成路人，這種社會人心著實令人覺得可怕，只有透過愛的教育才能發揮教化功能。

| 410. | 上山彎彎腰，入門有樵燒，生理斤兩莫去偷，信用傳揚錢歸兜。 |
|---|---|

註 彎彎腰：喻勤快工作；生理：生意；錢歸兜：形容賺錢多

釋 上山時要勤奮工作，才有薪柴可帶回家生火燒煮。做生意不可偷斤減兩，貪圖小利，只要信用好的名聲傳揚出去，顧客自然上門，錢財自來。

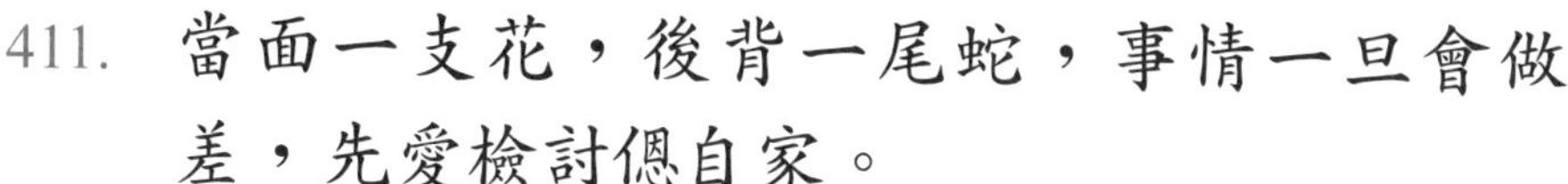

411. 當面一支花，後背一尾蛇，事情一旦會做差，先愛檢討偲自家。

註 一支花：形容和顏悅色；一尾蛇：形容心態惡毒；偲自家：我們自己

釋 人心難測水難量，見面時和顏悅色，背後卻毒如蛇蠍的人大有人在。事情一旦會做錯，首要檢討的是自己，不要去怪罪別人。

412. 腳行毋過雨，嘴詏毋過理，千人難核一隻理，行遍天下愛有理。

註 詏：狡辯；核：挑

釋 一個人腳程再快也快不過雨飄行的速度，只要悖理，強辯是無意義的。「理」字沒多重，千人挑不動，因此做任何事都要遵循「理」字，方能暢行無阻。

413. 財貨利益人人愛，非分之財毋好袋，仗勢斂財入褲袋，到尾報應自家害。

釋 財貨利益人人愛，要取之有道，非分之財千萬不可貪，如果仗勢斂財，到最後嘗到惡果就是自作孽了。

414. 牛吃禾稈雞吃穀，各照因果享福祿，家財萬貫毋知足，毋當知足戴平屋。

釋 牛吃稻草雞吃穀，各照因果享福祿，如果家財萬貫還不知足，遠不如心存感恩又知足，雖居陋室亦覺寬心。

415. 老實人常在，奸詐人常敗，邪心邪術天會怪，安分守己心自在。

釋 心地善良的人處處受人歡迎，也容易成功，而心懷巧詐的人容易招致失敗。使用邪術欺騙他人的人，老天會給予應得的懲罰，只有安分守己才能安心自在。

416. 一人難合千人意，上天恁好人愛嫌，凡事盡心又知謙，好空莫去摎人尖。

註 恁好：那麼好；摎人擠：和人爭

釋 一個人能力再強，處理事情也難令眾人滿意，天無私覆，雖無私也還會遭人嫌棄。凡事要懂得謙讓不與人爭，前途自然順暢。

417. 做人知上下，做事莫花假，逢人愛多說好話，惡語傷人真可怕。

註 上下：長幼尊卑

釋 做人不論對長幼尊卑都要用謙卑的態度，做事態度要真誠不虛假。逢人要多說好話，如果口出惡語傷人會是很可怕的事。

418. 禾怕寒露風，人怕老來窮，做事認真毋爭功，做人實在會成功。

註 寒露風：寒露是二十四節氣之一，在農曆九月，風大

**釋** 農曆九月雨少風大，強勁的寒露風對開花抽穗的稻子成長影響很大。少壯不努力，老來窮是件很可悲的事。做事要認真不爭功，做人實在一定會成功。

| 419. 借錢毋使恁會，還錢正係師父，人生難免背債務，失信會毀自家路。 |
|---|

**註** 恁會：那麼厲害；正係：才是

**釋** 手段高會借錢並不厲害，能守承諾依約還錢才是真本事。人生順逆不一，難免背負債務，只要堅守誠信原則，就可突破困境，如果失去信用會自毀前途。

| 420. 根深毋驚風搖動，樹高千丈不離根，做人是非愛分明，爲善爲惡全在心。 |
|---|

**釋** 樹木根深就不怕風搖動，千丈大樹都是因為有穩固的樹根。做人首要是明辨是非，為善為惡全在一念之間。

| 421. 話到嘴邊留半句，利益當前讓三分，人敬一分回三分，忍讓一定得高分。 |
|---|

**釋** 話到嘴邊要慎言，碰到利益交關時刻也要禮讓三分，人敬我一分要有回敬三分的雅量。人生路上只要懂得忍讓，前途道路必定順暢。

422. 人爭一口氣，樹爭一層皮，項項愛爭無面皮，得著小利失機會。

釋 人要爭氣不鬥氣，而樹爭一層皮才能吸收養分。如果凡事都要厚臉皮與人競長論短，雖可能獲得短暫的小利，但會失去更多成功的機會。

423. 人好使使到死，牛好使使滑鼻，對待眾生愛慈悲，老天看著會記起。

註 使：利用；滑鼻：牛鼻中隔斷裂

釋 勤快又忠誠的人往往會被交付過重的工作，使身體不堪負荷，好牛也會因被過度驅使致使牛鼻中隔斷裂。對待眾生要有慈悲心腸，你的善行義舉，老天會看到也會賜福於你。

424. 人老心腸惡，牛老生長角，老來心善莫做惡，閻王毋會恁快捉。

註 恁快：那麼快

釋 人老了還心腸惡，就像牛老生長角一樣毫無意義。如果老來心善不作惡，閻王也不會那麼快抓去下地獄。

425. 做人怕理偏，蚊仔驚火煙，烏心賺錢一陣煙，為人正直人中賢。

釋 做人如果走偏了「理」字，前行道路就會荊棘重重，就和蚊子就怕火煙是一樣的道理。昧著良心賺來的黑心錢就像風吹煙散一樣很快就會消失，只有為人正直才會為後人留下足資典範的賢明好名聲。

**426. 人多力就強，狗多好咬羊，財散人聚力就強，財聚人散心會慌。**

釋 團結力量大，人多力就強，狗多也好咬羊。錢財乃身外之物，要懂得利益分享，財散人聚力就強，財聚人散了，就會孤立無援，產生心慌。

**427. 話多人毋愛，話少人想壞，自己毋自愛，生活難自在。**

釋 亂之所由生也，言語以為階，話多了人會不喜歡。雖說沉默是金，但該表達意見時又沉默不語也容易引起他人不好的聯想。做人要自愛，不攀不比，安分守己，生活才能自在。

**428. 高岡平地有黃金，只有懶人枉用心，衙門官廳好修心，莫施小惠收人心。**

註 高岡：高的土堆

釋 凡事只要肯用心，不論高岡或平地都有遍地黃金。而老天這種巧妙安排對懶人是枉費心機的，因為懶人不用心。衙門官廳正是吾人修行的好地方，不是營私牟利的場合，切不可施小惠收買人心，形成利益共生的小團體，為害社會。

| 429. 若愛江湖走，磨利一把口，食人毋贏歸盤兜，毋忍毋讓有好愁。 |
|---|

註 磨利一把口：鍛鍊好流利的口才；歸盤兜：整盤端走

釋 若想混跡江湖，先要練就流利的口才。做人要懂得謙讓，就好比東西吃輸人就整盤端走，這種不知忍讓的行為會阻礙前途發展，是值得憂慮的。

| 430. 花香毋定好看，會講毋定能幹，賺錢莫使壞手段，你會算來天會斷。 |
|---|

註 天會斷：老天自會公正評斷

釋 會散發濃郁香氣的花不一定好看，會說的人也許只是吹噓不一定能幹。做人要厚道，賺錢切莫使用壞手段，你會精算天會評斷，因果自負。

| 431. 凡事食虧係君子，莫學小人項項贏，百項利益你愛爭，前途道路就難行。 |
|---|

釋 凡事吃虧的是君子，處處與人爭利的便是小人。因此如果凡涉利益的事物都要去爭，這種心態會人見人怕，前途就堪慮難行。

| 432. 有錢係福氣，用錢係智慧，做人做事愛慈悲，莫爲小利費心機。 |
|---|

釋 有錢是累世的因果加上今生的努力得到的福報，如何用

錢就要靠智慧了。做人要有慈悲心腸，不要處處與人爭利費心機。

433. 做人毋使忒會算，人會算來天會斷，偷斤減兩暗暗賺，做若子孫就淒涼。

註 忒：太

釋 待人處世不必太會精算，因為人會算天會評斷。做生意如果偷斤減兩賺取黑心錢，惡不報己身也會還報子孫，做你的子孫就淒涼了。

434. 見著秀才講書，見著屠夫講豬，做事你係心肝烏，到尾一定就會輸。

釋 見到秀才談的是書中的道理，見到屠夫講的都不離殺豬的事情。做事如果心存邪念不走正道，到最後一定是輸家，結果也是一場空。

435. 衫褲勤洗換，蝨嫲無處鑽，斤斤計較忒會算，毋值老天一畫算。

註 蝨嫲：頭蝨；忒：太

釋 從前衛生條件差，蝨子多，只有注重衛生勤洗換衣物，就能趕走蝨子。做人如果太過斤斤計較，雖可能獲得短暫利益，但人算不如天算，會有果報的。

**436. 賭徼錢一陣煙，汗臊錢萬萬年，莫用邪術來欺騙，事情爆空目向天。**

註 賭徼：賭博；汗臊錢：血汗錢；爆空：爆發；目向天：仰天徒嘆

釋 賭博贏來的錢就像一陣煙，來得急去得也快；而用血汗掙來的錢，因得之不易，較能節約長久使用。切莫用不正當的手段騙取不當利益，事情一旦爆發就會仰天徒嘆，悔不當初。

**437. 雞屎比毋得醬，掃把畫毋得像，自家能力愛思量，相棋日字毋行相。**

釋 做人不要攀比，雞大便怎能和好吃的醬料相比呢？和掃把也不能拿來畫細緻的人像是一樣的道理。自己能力自己知道，做事不可逾越規矩，就像棋盤上的相子是不能走日字的。

**438. 閒手爪爛疤，緊爪緊大疤，修己莫去管別儕，有功也莫摎人誇。**

註 別儕：別人；摎：和

釋 沒事就用手去抓瘡疤，是會越抓越大疤。道德是拿來修練自己，不是拿去約束別人的，即使自己做事有了些許功勞，也無須向他人誇耀，始可免遭非議。

439. 天災地變難防，心存善念少傷，天理行事家運昌，傷天害理漸漸亡。

釋 大自然的天災地變是人力所難以防備的，但是只要平常心存善念，就會受到老天眷顧，傷害也會降到最低。凡事能依天理行事，家運必定昌盛，相反的做了傷天害理的事，家道就會漸漸衰敗。

440. 莫誇自家長，莫道他人短，手指伸出有長短，論人長短壞心腸。

釋 莫誇己之長，莫道人之短，人外有人，英雄也有悲歌日。手指伸出都會有長短，論人長短，道人是非是不道德的行為。

441. 堵著事情莫慌張，心煩意亂失主張，靜心理出好方向，毋驚前路堵著牆。

釋 遇到事情切莫慌張，張自亂陣腳，心煩意亂無法拿定主意。惟有靜心沉著才能理出好的方向，就不必擔心前行道路上的重重阻礙。

442. 屙尿無脫褲，必定有緣故，將心比心相照顧，善待眾生心會富。

釋 當一個人小便不脫褲時，必定有不得已的苦衷。凡事要能夠站在對方的立場設想，能將心比心善待一切眾生的話，內心就會感到祥和富足。

443. 雞飽毋食穀，人飽毋食粥，日食三餐愛知足，兒孫自有兒孫福。

釋 當人畜滿足了口腹之慾後，對再好的美食佳餚都會興趣缺缺。日吃三餐，夜眠八尺，知足第一富。兒孫自有兒孫福，莫為兒孫做馬牛。

444. 天子行正萬民福，無照天理天會摭，自顧自家褲袋足，官逼民反損福祿。

註 天子：比喻統剮天下人的領袖；摭：搗蛋

釋 統剮國家的領袖如果行為端正，子民將會深受其惠，如果不照天理行事又結黨營私的話，到最後官逼民反時，將會大大的折損自己應享的福祿。

445. 口開神氣散，舌動是非多，是非皆因開口多，待人和氣人阿諂。

註 神氣散：精神會渙散；阿諂：讚美

釋 舌動話多了精神勢會渙散，是非也跟著多。是非皆因多開口，待人和氣才會得到別人的讚譽。

446. 喜時多失信，怒時多失言，話出口前信爲先，盛怒之下愛慎言。

釋 乘喜而輕諾，容易失信於人，而人處在盛怒之下，情緒難以控制，也易失言得罪人。因此，凡出言要信為先，尤其在盛怒之下更要慎言。

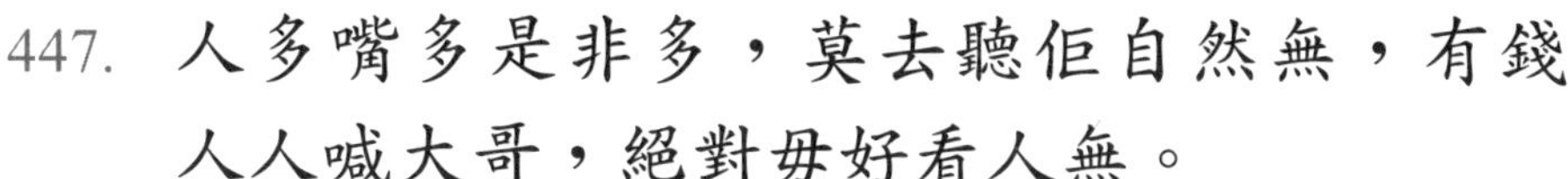

447. 人多嘴多是非多，莫去聽佢自然無，有錢人人喊大哥，絕對毋好看人無。

**註** 佢：它

**釋** 人多嘴雜是非多，不去聽它自然無。現實又功利的社會，有錢人人喊大哥，但絕對不可隨便看輕別人，因為枯木逢春猶再發。

448. 毋怕會做錯，就驚毋改過，烏心頭路密密做，得著報應正知錯。

**釋** 做錯事並不可恥，可怕的是知錯不改。如果經常昧著良心從事黑心工作牟利，惡報臨頭才知錯就為時晚了。

449. 居家戒爭訟，處世戒多言，榮登高位會有權，妄語係多失人緣。

**註** 爭訟：爭鬥訴訟；妄語：虛偽荒誕的話

**釋** 居家戒爭訟，訟則終凶；處世戒多言，言多必失。榮登高位會掌有權力，如果仗勢妄語，將容易失信於人，終會招致失敗。

450. 暴發户一擲千金，誠信者一諾千金，福氣難保毋離身，嫖賭飲會病上身。

**釋** 暴發戶一擲千金，誠信者一諾千金，人品霄壤矣！不積德，福氣難保不離身，福分總有享盡的一天。如果耽溺於嫖賭飲的歡場，遲早也會惹病上身。

451. 貧窮富貴命裡該，做人實在財自來，小利顧客人人愛，財散人聚錢入袋。

註 命裡該：命中注定

釋 貧窮富貴命中注定，命運掌握在自己手裡，勤能補拙。做人實在，做生意童叟無欺，自然生意興隆。顧客都是貪小利的，偶施小惠就可擄獲人心，財散人聚，錢財就會滾滾而來。

452. 面前膠你好，後背燒把火，忍他讓他雖然好，自家安全愛顧著。

註 膠你好：和你稱兄道弟

釋 有些人表面和你稱兄道弟，但暗地裡卻潛藏殺機，人心難測水難量，不得不慎！處事忍讓雖然好，但是人心險惡難料，確保自身安全永遠是首要考量。

453. 人愛生時精彩，毋好死時隆重，做人謙卑又自重，四角封釘人敬重。

註 四角封釘：人死入棺時要在棺木頂蓋四個角落各釘一支長釘子，以示封棺

釋 人生苦短，要盡心工作並享受精彩人生，不要等到死後子孫辦了隆重喪禮已無任何意義。做人要謙卑自重，蓋棺論定後，好的名聲將為人所敬重。

454. 利刀做得割肉，惡語就像針刺，良言贈人勝珠玉，惡語傷人比蛇毒。

釋 刀利可以割肉，而惡語傷人猶似針刺，這就印證了贈人良言勝珠玉，惡語傷人毒過蛇的至理名言。

455. 嘴脣兩片皮，好壞由人講，食飽就論人長短，早慢自家會受傷。

釋 嘴脣是由上下兩片皮肉所組成，良言惡語任人講。吃飽沒事就論人長短，遲早還是會還報己身，傷害到自己。

456. 毋會燒香得罪神，毋會講話得罪人，人我對待愛真心，莫貪小利空費心。

釋 不懂燒香儀式會得罪神明，不會講話會得罪人。人我相處一定要真心誠意，貪圖小利到頭是空費心一場。

457. 時運係一到，石頭會變貨，冤冤恨恨隨風過，人人都會犯小過。

註 係：如果；貨：貨品

釋 時運一到，不值錢的石頭都會化為有價值的貨品。人我相處產生的冤恨要隨風而過，因為人人都會犯小過，原諒別人就是善待自己。

| 458. 錢字兩隻戈，利字帶把刀，財上分明係大哥，貪多到尾了較多。 |
|---|

註 戈：古兵器；大哥：喻為人所敬重的人；到尾：到最後；了較多：損失更多

釋 「錢」字帶了兩隻會刺人的戈，「利」字帶把刀也容易傷害人。奉勸世人，財上分明的人才會獲得別人敬重，如果一味的貪求，到頭來會損失更多。

| 459. 濕樵就難燒，嬌子也難教，食賭嫖飲項項好，身體早慢會出包。 |
|---|

釋 濕的木柴難燒火，嬌生慣養的小孩也難教好。如果吃喝嫖賭等不良嗜好來者不拒，日積月累，身體早晚是會出毛病。

| 460. 子大會分家，樹大會開杈，做人毋好惹惹叉，有事走到無半儕。 |
|---|

註 惹惹叉：做事優柔寡斷；無半儕：無半個人

釋 子大要分家自立門戶，就像樹木長高會分枝一樣平常。做人如優柔寡斷會失去人緣，遇到事情就會沒人會來幫忙。

| 461. 若問來世果，今生做者是，心存善念來做事，來生一定有好事。 |
|---|

釋 若問前世因，今生受者是；若問來世果，今生做者是。

因果報應絲毫不爽，只要心存善念不為惡，來生一定會有好報。

**462. 畫虎畫皮難畫骨，知人知面不知心，千隻人有千隻心，事事難圓眾人心。**

註 細人：小孩

釋 畫虎畫皮也難畫骨，知人知面不知心，兩者都難窺其真相。人心不同亦如其面，想法各異，凡事要想圓眾人的心，是緣木求魚，絕無可能。

**463. 有錢王八坐上席，落魄鳳凰不如雞，做人愛學五更雞，愛守本分莫使計。**

註 有錢王八：指身分卑微的暴發戶；五更：早上三到五時，五更是公雞司晨的時間，喻守本分

釋 有錢王八坐上席，落魄鳳凰不如雞，不足為奇。做人要學五更雞，要守本分做好分內工作，不可使計侵犯他人。

**464. 強中自有強中手，惡人自有惡人磨，人有理想步步高，莫攀莫比無煩惱。**

釋 強中自有強中手，惡人自有惡人磨。人有理想，冀求事業步步高，但只要努力莫攀比，就可減少無謂的煩惱。

465. **食水愛念水源頭，食果子愛拜樹頭，人恩於我記心頭，忘恩背義難出頭。**

釋 喝水都要感念水源頭，吃果子要拜樹頭，受人點水之恩，當湧泉以報。人有恩於我不可忘，忘恩負義的人天理難容，也就難有出頭天。

466. **安身身無辱，閒非口毋開，好論是非人看朘，口出蓮花人人愛。**

註 **安身**：潔身自愛；**閒非**：閒言閒語；**朘**：男性生殖器；**人看朘**：讓人瞧不起；**口出蓮花**：比喻口出善言良語

釋 一個能潔身自愛不說是非的人，不會受到別人的羞辱。舌動是非多，喜好背後論人長短的人會讓人瞧不起。善言良語可溫暖人心，也會受到他人喜愛。

467. **食飯一張桌，做事無半腳，毋好淨知好吃著，話語亂講抨嘴角。**

註 **無半腳**：跑光光；**淨知**：只知道；**好吃著**：好吃穿；**抨嘴角**：賞耳光

釋 吃飯時來了一桌的人，但要做事時卻跑光光。做人不可只知好吃穿，要懂得分擔責任。如果說話不懂分寸，胡言亂語，就會得到別人責難甚或賞耳光。

468. **凡人不可貌相，海水不可斗量，快樂愛有好度量，桂花無風十里香。**

釋 爛扇多風，才人無貌，不可以貌取人。海納百川，海水豈可用斗來量。有好度量才能擁有快樂的心境，桂花雖無風也能飄香十里。

469. **愛做婊又毋靚，愛做旦又無聲，無本事莫摎人拚，守好本分有較贏。**

註 婊：妓女；毋靚：不漂亮；無聲：沒好嗓子；摎：跟

釋 想做風塵女子又不夠漂亮，想擔任國劇中的旦角又沒好嗓子。自己沒本事就別去與人拚鬥，安守本分才是上策。

470. **人無艱苦過，難得世間財，出生貧家命裡該，煞猛也會招財來。**

註 命裡該：命中注定；煞猛：努力工作

釋 人不經過一番艱苦的奮鬥，是無法得到世間的財富。會出生貧家也是命，不可怨天尤人，只要努力工作自會扭轉劣勢，招來財運。

471. **人面像菩薩，心肝像夜叉，害上害下害自家，時時檢討偲自家。**

註 夜叉：夜間容貌醜陋的厲鬼；偲：我們

釋 凡人不可貌相，有人容貌長得像菩薩，但內心卻厲鬼一様令人生畏。不可心存自私害人的念頭，到頭來自己也不免受害。因此要時時檢討自己的起心動念，消除邪惡害人念頭。

472. **十善一惡無可解，十惡一善有可助，年高品德也愛顧，後段人生知勝負。**

釋 廝守一生的廉名，臨老才誤入歧途是非常可惜的；長年無惡不作的人，臨老改邪歸正也會獲得別人敬重。所以年長者更要注意自己品德修養，晚節也是一個人蓋棺論定的重要評斷指標。

473. **明理毋怪人，怪人毋明理，做人就愛明是非，毋好自私壞規矩。**

釋 明理的人不會任意責怪別人，任意責怪別人的人並不是真正明理的人。做人就要明是非，不可自私壞了規矩。

474. **近河莫枉水，近山莫枉樵，愛物惜物莫去偷，勤儉毋愁無樵燒。**

註 樵：木柴

釋 住近河邊要懂得善用和珍惜水資源，同理，住近山區也同樣要善用和珍惜林木資源。要養成愛物惜物不偷不盜的習慣，只要勤儉就能家用足，也不愁家無柴燒。

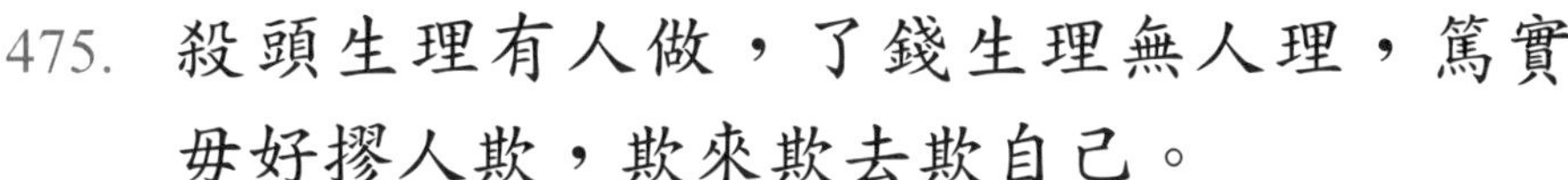

475. 殺頭生理有人做，了錢生理無人理，篤實毋好摎人欺，欺來欺去欺自己。

註 篤實：老實；摎：和

釋 為了私利，殺頭生意有人做，虧本生意就沒人理。做人要老實不欺人，因為欺負弱小的結果是會回報己身的。

476. 借斧毋怕石，借襪毋著鞋，自私自利心又壞，到尾一定會失敗。

釋 借來的斧頭不怕敲打石頭，借來的襪子可以不穿鞋子走路，這都是不惜他物的自私行為。一個人如果自私自利心又壞，到最後一定會失敗。

477. 命裡有時總會有，枉來錢銀水推沙，聰明才智有上下，欺上瞞下害自家。

釋 命裡有時總會有，以冤枉他人獲取的金錢，就會像大水沖沙一樣，很快會消失殆盡。人的聰明才智有賢愚之分，不可憑恃自己的小聰明做欺上瞞下的事情，最後會危害到自己的前途發展。

478. 心誠話語毋使多，貪來錢銀不如無，心中貪念係一多，是非就會跈等多。

註 係一多：如果多時；跈等多：跟著多

釋 心誠不在話多，心存邪念，貪來的錢財不如無。人心只要貪念一多，是非就會跟著多。

第三篇
内省與勵志

479. 花盆毋使大，有花自然香，凡事能爲他人想，有事自有人來幫。

註 毋使：不必

釋 花盆不必大，有花自然會散發出香氣。凡事都能將心比心為他人設想，遇到困難就會有人幫忙。

480. 上山愛帶刀，田事愛肯摸，食飽閒閒屋下坐，福氣哪會有恁多。

註 屋下：家裡

釋 上山要帶刀，可防身、開路和砍柴，田裡工作也要勤耕，才會有收成。如果飽食終日，無所事事，就會坐吃山空，福氣總會有享盡的一天。

481. 室雅何需大，花香不在多，小小螺絲功能高，老實煞猛福祿多。

註 煞猛：努力工作

釋 屋寬不如心寬，因此，室雅何需大，花香也不在多。一部機器要能正常運作，任何一顆小螺絲都有其功能性。人能夠老實又勤奮，自然能得到更多的福祿。

482. 寧行十步遠，莫冒一步險，做事貪快又冒險，早慢跌倒真淒慘。

註 早慢：遲早；倒：到

釋 為了安全，寧願多走十步遠路，也不可冒走一步險。做事如果一味冒險圖快，可能會失敗得很淒慘。

483. 耕田毋驚日頭晒，就驚做人無實在，做事毋好驚失敗，經驗多時心會在。

註 心會在：心能保持鎮定

釋 耕田不怕太陽晒，就怕做人不實在。做事不要怕失敗，因為經驗多便更能保持鎮定，成功的機率也就更大。

484. 孝順公婆自有福，田地勤耕會有穀，做人一定愛知足，心有邪念難幸福。

釋 能夠孝順公婆的媳婦一定會有福報，田地勤耕就會倉廩足。做人一定要知足，心有邪念就難得到真正的幸福。

485. 敢去就有一擔樵，毋敢去就屋下愁，堵著事情就想走，無拚哪會有出頭。

註 樵：木柴；屋下：家裡；堵著：碰到

釋 敢上山就會有一擔薪柴帶回家，不敢上山待家裡將一無所獲，坐困愁城。遇到事情時千萬不能逃避，不努力打拚怎能有出頭天。

486. 有時莫點雙盞火，免得無時打暗摸，居家勤儉傳薪火，恁樣家風一定好。

註 打暗摸：摸黑而行；薪火：傳承；恁樣：這種

釋 家用足時夜裡也不能浪費點著雙盞燈火，免得家境頹敗，油盡燈枯時摸黑而行。居家勤儉又能代代相傳的話，這樣的家風一定好。

| 487. 早跣三朝當一工，早跣三年當一冬，朝朝睡到日頭紅，萬貫家財也會空。 |
|---|

註 早跣：早起；三朝：三個早上；一工：一天的工作量；著：到

釋 早起三朝相當於多了一天的工作時間；早起三年也等於多了一年的工作時間，都會增加成功機會。千萬不能朝朝睡到日上三竿，不努力萬貫家財也會坐吃山空。

| 488. 事情愛做好，必得問三老，做人做事愛用腦，無實無在盡毋好。 |
|---|

註 三老：指有經驗的人、老人和老實人；盡毋好：很不好

釋 要做任何事情需多向智者請益，方可收事半功倍之效。待人處事要多用心思考，才可減少錯誤情事發生，如做人不實在，將會為人垢病。

| 489. 人係英雄錢係膽，無錢好漢共樣慘，不義之財毋好貪，事情爆空過較慘。 |
|---|

註 共樣：一樣；爆空：爆發

釋 人是英雄錢是膽，無錢好漢一樣慘，功利社會沒錢萬萬

不能，君子愛財取之有道，不貪不義之財，一旦事情爆發，名譽掃地就難還清白之身了。

490. **路愛一步一步行，飯愛一口又一口，你係貪財貪過頭，自家摝衰自家愁。**

註 摝衰：搞壞

釋 路要一步一步走，飯要一口一口吃，做事要循序漸進，按部就班。錢乃身外之物不可貪取，一旦貪過了頭，紙包不住火，麻煩和憂愁就會隨之而來。

491. **利愛分人享，難來有人擋，利益臨頭無度量，人會算來天會斷。**

註 斷：評斷

釋 利益要與人分享，財散人會聚，遇到困難就會有人挺身幫忙。利字當頭，如果度量狹窄，僅牟私利，人算不如天算，老天自會公正評斷。

492. **天愛落水有天意，人愛成功有志氣，歸日就想貪小利，人人看著人人畏。**

註 愛落水：要下雨；歸日：整天

釋 天降甘霖是天意，不是人力所能左右的。志不立天下無可成之事，如果整天不學無術就想貪圖小利，非但人見人厭，也難成就事業。

493. 田愛日日到，屋愛日日掃，做人做事行正道，心正一定結善果。

釋 種田要天天巡視，才能掌握作物的生長情況，居家也要每天清掃，才能擁有清潔的居住環境。做人做事要堅守正道，只要己心正一定會結善果。

494. 貧窮出孝子，時難出忠良，後生驚熱又畏寒，老來生活就淒涼。

註 後生：年輕人

釋 貧家小孩較能體恤父母的辛勞，也較能教出孝順的孩子。國清才子貴，時難會出忠良。如果年輕時不思進取，將一事無成，老年生活就淒涼。

495. 毋驚八字輕，就驚懶做事，百項頭路先立志，一勤天下無難事。

註 頭路：指工作或事業

釋 出生的八字輕重並無實質意義，努力就會改變命運，而令人擔心的是懶惰成性。從事任何的職業，首先必須先立志確立目標，一勤就天下無難事。

496. 心係毋開會打結，路係無行會生塞，牛角愈尖就愈塞，鄉親朋友愛記得。

註 係：如果

釋 如果無法放下煩惱，內心就會糾結煩燥不安，道路無人走動也會雜草叢生難以通行。處事鑽牛角尖路將更窄，鄉親朋友一定要記得。

497. 耕田降子各人命，毋使欣羨他人慶，堵著事情係肯拚，老來一定會好命。

註 降子：生子；慶：厲害；堵著：碰到；係：如果

釋 耕田或生子是各人命，勉強不得。不必羨慕他人成功一帆風順，只要遇到事情時有擔當不逃避，努力打拚，老來一定會好命。

498. 單絲難成線，獨木難成林，是非善惡愛分明，莫爲私利來害人。

釋 單絲不可能製成線，獨木也難成林，這就意謂著團結力量大。做人要明辨是非善惡，不能以私害公，做出損人利己的行為。

499. 忍耐會留財，受氣會留福，凡事忍讓又知足，生活一定會幸福。

釋 寬宏大量是個寶，與人無爭少煩惱，所以古人說：「忍耐會留財，受氣會積福。」凡事能忍讓又知足，生活一定會幸福。

500. 船到橋頭自然直，車到山前必有路，路徑狹處知讓路，成功之路陰德助。

釋 做事只要有決心，船到橋頭水路也會為我開，車到山前也必會有路可通行。所以路徑狹處要知讓路，成功之路就會有陰德相助。

501. 讀書愛用功，茅屋出相公，毋驚出生低又窮，煞猛共樣會成功。

註 相公：宰相的尊稱；煞猛：努力工作；共樣：一樣

釋 讀書定要用功，茅屋也會出將相。為人不怕出生低又窮，努力一樣會成功。

502. 無米難煮粥，無樵難起屋，後生就愛認真搋，老來正有好享福。

註 樵：木柴；起屋：建屋；後生：年輕；搋：打拚；正有：才有

釋 無米難熬粥，無材也難建屋，年輕時能認真打拼事業，年老時才可安享餘生。

503. 一等人忠臣孝子，兩件事讀書耕田，忠孝兩全感動天，督耕課讀子孫賢。

註 督耕課讀：用心督導晚輩耕作和讀書

釋 「一等人忠臣孝子，兩件事讀書耕田」是一般客家先民烙印內心的價值觀，因為忠孝兩全的人會感動天。父母都用心督導晚輩耕作和讀書，子孫就能知書達理，賢才輩出。

504. 莫憑你後生，項項都毋驚，噩夜菸酒又毋儉，早慢惹著一身病。

註 後生：年輕；早慢：早晚

釋 別逞自己年輕身體好，不當惡習都來者不拒。如果經常熬夜又不知節制菸酒，早晚定會惹出一身病。

505. 行路愛看路，做事愛專注，項項事情都想顧，一定做無好頭路。

釋 走要要看路，做事要專注，如果樣樣事情都想兼顧，必定難以成就。清代名臣紀曉嵐名言：「心在一藝，其藝必工；心在一職，其職必舉。」

506. 堵著事情毋使驚，好漢做事好漢擔，做事拈燒又怕冷，恁樣會分人看輕。

註 堵著：碰到；毋使：不必；拈燒怕冷：畏縮不前；恁樣：這樣；分人：給人

釋 事情來臨時不用害怕，要有好漢做事好漢擔的勇氣，如果凡事都畏縮不前，結果問題依然存在，這種作為會讓人瞧不起。

507. 後生毋做家，老來正知差，毋驚後生腳踏差，浪子回頭人人誇。

註 後生：年輕；做家：節儉

釋 少壯時恣意揮霍不知節儉，老大就會徒傷悲。不擔心年少輕狂誤入歧途，只要知錯能改，浪子回頭也會得到人們的誇讚。

508. 出門看天色，入門看面色，各行各業想出色，功夫無下使毋得。

釋 出門前要先看天氣，備好應變物品，入人家門也要察言觀色，拿捏自己去留時間。各行各業想要出色，不下真功夫是不可能成功的。

509. 好吃做輕可，大山也會倒，後生事業有顧好，無愁無慮食到老。

註 輕可：輕鬆；後生：年輕

釋 整天好吃懶做，就會坐吃山空。如果年輕時懂得努力打拚顧好事業，老年就能無憂無慮歡度餘生。

510. 好賭一身光，好嫖一身瘡，輒輒賭徼到天光，百樣頭路百樣荒。

註 輒輒：經常；賭徼：賭博。

釋 好賭成性將會敗光家產，好色之徒也早晚也會染上一身病。如果經常熬夜賭博到天明，任何事業必定荒廢，一事無成。

511. 早跖三朝當一工，毋好睡到日頭紅，天無落水無彩虹，人無志氣一場空。

註 早跖：早起；三朝：三個早上；一工：一天的工作量；著：到

釋 早起三朝同等增加了一天的工作量，每天睡到太陽高掛，就會減少成功機會。天不下雨沒水氣就見不著美麗的彩虹，人沒志氣到頭來是一場空。

512. 樹大就會涼，人多力會強，無本事就莫逞強，好鬥早慢會受傷。

釋 樹大好遮蔭，團結力量大。沒本事就莫逞強，處處與人爭鬥遲早自己會受傷。

513. 口說像風吹，紙筆定山河，煞猛打拚米成蘿，心臼也會熬成婆。

註 風吹：比喻為毫無憑據；紙筆：白紙黑字；定山河：成為有力鐵證；煞猛打拚：努力工作；心臼：媳婦

釋 任何的契約或協定憑口說就像風吹一樣毫無法律效力，只有白紙黑字才能作為呈堂供證的有力鐵證。努力工作自然會有好收成，媳婦熬久也會熬成婆。

514. 肯學就有路，肯想就有步，人生路上千條路，毋好烏心行壞路。

釋 凡事只要肯學就會有出路，肯用心思考就能找出解決問題的方法。人生道路有百千條，千萬不可心存邪念走歪路。

515. 好人爲大家，好貓管千家，子弟從細學做家，毋好自私爲自家。

註 後生：年輕人；從細：從小；做家：節儉

釋 善良的好人處處為別人設想，好貓也盡本分到處遊走去抓鼠。年輕子弟從小開始就要學習節儉習慣，不能養成自私自利的行為。

516. 半截竹筒兩頭空，人無立志難成功，人愛靈通火愛風，凡事等待必落空。

註 兩頭空：一目了然

釋 半截的竹筒兩頭空，一目了然空無一物，人不立志也難成功。做人要有靈活的頭腦，就像架柴燒火要中空通風的道理一致。如果凡事等待，一切必定落空，毫無成就可言。

517. 小小手藝可養家，勝過黃金歸屋下，毋好使錢準泥沙，坐食山空會傾家。

註 屋下：家裡；準：當

釋 練就一手專精的手藝就足可養家活口，勝過黃金囤滿屋。平常也要節約，不可將錢財如泥沙般的恣意揮霍，坐吃山空家道就會逐漸衰敗。

| 518. 天理路上路盡闊，人欲路上盡彎斡，路係行對毋驚斡，壞心做事天會罰。 |
|---|

註 盡：很；彎斡：彎曲難行

釋 做人要心存天理，因為天理路上甚寬，可通行無阻，人欲路上甚窄，而且彎曲難行。路走對就不怕路遙難行，如果心存邪念是會遭天譴的。

| 519. 毋驚時運壞，就驚一身債，堵著事情愛忍耐，無忍無耐事變大。 |
|---|

註 堵著：碰到

釋 不怕時運壞，只要努力就可突破困境，一身債會為自己帶來無形的壓力。但遇到困境只要忍耐就可度過難關，小不忍則亂大謀。

| 520. 有福个人不用忙，無福个人忙斷腸，事情就愛定定裝，毋好過勞身受傷。 |
|---|

註 个：的；定定裝：按部就班做事

釋 有福之人不用忙，無福之人忙斷腸，是勸人不要過度為名利所苦。遇到事情要不疾不徐的按部就班去做，千萬不可操勞過度，損傷了自己身體。

521. 有志不在年高，有才不在身高，人到無求品自高，毋驚人情兩面刀。

釋 只要立志都會有所作為，因此，有志不在年高，有才也不在乎身高。要清廉自持，人到無求品自高，也就毋懼於人情冷暖了。

522. 你係曉得知足，就會感覺幸福，勤種莊稼倉有穀，心存善念會有福。

釋 知足第一富，一個人內心知足就會感覺幸福。勤種莊稼一定倉廩足，時時心存善念的人一定會得福報。

523. 好秧一半穀，好妻一半福，你係煞猛又知足，家庭生活會幸福。

註 煞猛：努力工作

釋 田地播下好秧苗，只要善加照顧，就可預期豐收。人生百年，娶到賢慧的好妻子就已獲得人生的一半好福氣了。人只要努力又知足，家庭生活一定會幸福。

524. 聰明本係陰德助，陰德引入聰明路，莫信貧富天定數，多積陰德天會助。

釋 聰明本是陰德助，陰德引入聰明路，不行陰德使聰明，聰明反被聰明誤。千萬別輕信貧富早已天定數，多積陰德就就會得到老天的眷顧和相助。

525. 讀書心愛靜，做事心愛定，目標清楚向前進，毋會成功倨毋信。

註 倨：我

釋 修德需忘功名，讀書定要深心。因此讀書心要靜，做事心也一定要定，只要確立目標心無旁騖往前邁進，成功是可預期的。

526. 近山知鳥音，近水知魚性，自家頭路有用心，日長月久會成精。

註 頭路：工作或事業；成精：變成專家

釋 近山知鳥音，近水知魚性，兩者都是經驗的累積。自己的事業只要肯用心經營，時日一久就會成為專家，也會展現成果。

527. 有了滿腹才，毋驚運毋來，做人和氣會生財，心存善念運會開。

釋 只要有滿腹真才實學，機會總會找上你的。做人和氣會招來財運，心存善念也會帶來好運。

528. 穀怕胎裡旱，人怕老來窮，人窮志不窮，早慢會成龍。

釋 稻子結穗最怕遇上天旱，會影響穀物收成。少壯不努力，老大徒傷悲，人老貧窮就難耐了。一時的時運不濟，只要人窮志不窮，遲早會翻轉人生的。

529. 富毋學富不長，窮毋學窮不盡，書藏珠玉用不盡，學問深時心頭定。

釋 富家子弟不讀書，懵懵懂懂就難以繼承家業；貧家子弟不讀書，也難脫離貧窮的日子。書中暗藏著許多如珠玉般寶貴的知識，是取之不盡用之不竭的。一個學問深厚的人，往往是謙遜又意氣平和的。

530. 後生驚畏苦，空談出頭天，歸日街上醉仙仙，爺哀譴到會發癲。

註 後生：年輕；歸日：整天；爺哀：父母；譴：生氣

釋 年輕怕吃苦，就空談出頭天。如果整天只在街上喝酒廝混，將一事無成，父母就會憂悶不樂，這是不孝的行為。

531. 食菸係會飽，打屁好肥田，打拚省儉好買田，負債借錢無人憐。

釋 抽菸如果可以填飽肚子，那麼放屁也可以充當肥料了。只有努力又節儉，才能有餘錢買田，累積財富；反之，負債伸手向人借錢是沒人會憐憫你的。

532. 日用係愛足，就愛煞猛搋，毋好驚熱嫌雨涿，秧苗無蒔哪有穀。

註 煞猛搋：努力工作；雨涿：雨淋；蒔：插秧

釋 家庭日常開支要充足，平常就要努力工作，絕不可畏懼日晒和雨淋，田不播種細心照料，是不會有稻穀好收成的。

533. 勤勞身體好，懶尸催人老，食好又愛做輕可，金山銀山也會倒。

註 懶尸：懶惰；輕可：輕鬆

釋 勤勞多動的人身體自然好，懶惰的人如行屍走肉，歲月自然就會催人老。如果好吃懶做，即便有金山銀山也會坐吃山空的。

534. 煞猛糧滿倉，懶尸空米缸，堵著困難心莫慌，咬牙忍耐度災荒。

註 煞猛：努力工作；懶尸：懶惰

釋 田地勤耕就會積穀滿倉，懶惰不事生產，當然只有空米缸了。做人心要靜，做事心要定，碰到困難心莫慌，咬牙忍耐就可度難關。

535. 平時用度知省儉，急時愛用就毋驚，後生就愛認真拚，貧窮富貴吾个命。

註 省儉：節儉；後生：年輕；吾个：我的

釋 平時只要勤勞又節儉，就能累積財富，急用時就不用驚慌。年輕時只要盡本分認真打拚，結果是貧或富就聽天由命了。

3-1

| 536. 閒人無樂趣，忙人無是非，煞猛會逢好時機，懶尸一定失先機。 |
|---|

註 煞猛：努力工作；懶尸：懶惰

釋 飽食終日毫無目標的人無樂趣可言；努力不懈的人不惹是生非。能辛勤工作有準備的人，當機會來臨時就能掌握先機；而懶惰的人即使機會來臨，也會因信心不足將機會拱手讓人。

| 537. 毋驚萬人阻擋，就驚自家投降，想愛轉弱爲強，書愛讀加數行。 |
|---|

釋 只要你目標清楚，意志堅定，就不怕前行道路是多麼險阻，而令人擔心的是自己信心不足，棄械投降。想要轉弱為強，書多讀幾行也會有莫大助益。

| 538. 人善人欺天不欺，人窮人怕天不怕，家貧愛勤種莊稼，忠厚傳家不用怕。 |
|---|

釋 人善人欺天不欺，人窮人怕天不怕，這是鐵的事實。家貧只要勤種莊稼，又能以忠厚傳家的話，就不用擔心未來的家境。

| 539. 家和萬事興，吵鬧散人心，兄弟一條心，泥土變黃金。 |
|---|

釋 家和一定萬事興，吵鬧就會散人心。兄弟一條心，門前泥土也會變黃金。

540. **冤枉錢水流田，汗臊錢萬萬年，做生理愛先結緣，無緣難賺對方錢。**

註 水流田：大水沖刷田地；汗臊錢：血汗錢；生理：生意

釋 昧著良心賺來的黑心錢，就如大水沖刷田地一樣，很快會流失殆盡，而憑勞力賺來的血汗錢，滴滴血汗就會節約，可較長久使用。做生意講和氣不講骨氣，要童叟無欺，廣結善緣，沒有人緣就難賺到對方錢。

541. **記得共個學堂下，如今看看不如他，機會平等命有差，係有志氣毋輸他。**

註 共個：同一個

釋 記得小時候在同一學堂一起學習，如今看看成就不如他，雖言機會平等，但由於各人先天條件不一，難免造成日後成就上的落差。但只要立志努力向上，假以時日也會成就一番事業。

542. **毋驚窮來毋驚苦，就驚嫁著懶狗牯，苦瓜雖苦有帶補，煞猛忍耐會離苦。**

註 懶狗牯：懶惰蟲；煞猛：努力工作

釋 不怕窮不怕苦，就怕嫁到懶惰蟲。苦瓜雖苦也有營養，為人只要努力又忍耐，必能慢慢脫離窮苦的日子。

543. 牡丹花開毋結子，榕樹結子毋開花，煞猛打拚又做家，時機一到會開花。

註 煞猛：努力工作；做家：勤儉持家

釋 牡丹花開不結子，榕樹結子不開花，是因緣條件不同，不能相比。做人只要努力工作又能勤儉持家，時機一到就會開花結果。

544. 有種就有穀，有願就有力，鳥能高飛翼有力，事業成功靠努力。

釋 田地只要勤耕就會有穀物收成，而工作有目標、有願景也會產生力量。鳥能高飛是因為有強力的翅膀，人要成功也需靠堅強的意志和努力。

545. 好天毋出門，等到雨淋頭，機會平等毋使愁，煞猛就會有出頭。

註 煞猛：努力工作

釋 好天不出門工作，等到雨淋頭又有何益。老天給每個人時間和機會是平等的，只要努力就會有出頭天。

546. 有時當思無時苦，好天愛積雨時糧，五穀豐登堆成牆，就望子孫代代強。

釋 有時當思無時苦，好天要積雨時糧，未雨綢繆總是必要的。即便家境富裕，五穀豐登堆成牆，最大期盼還是希望子孫能一代比一代強。

547. 六月天公無阿公，六月割禾無阿婆，農忙時節無嫩老，就望禾穀收成好。

註 天公：老天；阿公：爺爺；阿婆：奶奶；嫩老：老小

釋 農曆六月是作物收割的農忙季節，所以全家不論老少都要分攤忙碌的工作，一致的目標就是期望收成好。

548. 出生硬頸係驕傲，客家毋會輸福佬，客家精神傳承好，後嗣昌盛無煩惱。

註 硬頸：固執不服輸的精神，也是客家的代名詞；福佬：閩南人

釋 出生客家世代是一種驕傲，客家人的智慧和毅力絕不會輸給閩南人，只要把客家刻苦耐勞的精神善加傳承，後嗣子孫能繁衍昌盛就少煩惱。

549. 千人就有千般苦，千富難救一家苦，人無立志難脫苦，食苦就愛當食補。

釋 家家有本難唸的經，千人就有千般苦。由於富人多半慳吝成性，所以說千富也難救一家苦。志不立天下無可成之事，只要把吃苦當吃補，努力不懈，最後必定會翻轉人生的。

550. 人望高樓水望低，行得高來望得遠，路係行對毋驚遠，煞猛正會達心願。

註 煞猛：努力工作

釋 人人都想住高樓，水卻往低處流，即所謂人往高處爬，水往低處流，立得高才望得遠。路走對了就不怕路遠，事業經營要堅定目標，努力就會達成心願。

551. 家中出秀才，好事密密來，毋煞猛又想發財，哪有恁多密密來。

註 密密來：接著來；煞猛：努力工作；恁多：那麼多

釋 家中出了秀才，好事就會接著來。成天異想天開想發財又不努力工作，哪會有那麼多好事接續來。

552. 有時要積無時糧，無時也毋使慌張，煞猛就會度災荒，雲開日出心開揚。

註 煞猛：努力工作

釋 有時要積無時糧，要有未雨綢繆的心態。眼前短暫不如意也不必過度恐慌，只要努力就可度過難關，也會有雲開日出心開朗的一天。

553. 行崩崗就心緊張，堵著事情有擔當，智慧處理心莫慌，事業成功面有光。

註 崩崗：懸崖；堵著：碰到

釋 行走在懸崖邊緣心情難免緊張，碰到任何事情只要有擔當，運用智慧冷靜處理莫心慌，待他日事業成功時就會顏面有光。

554. 久坐會變懶，久睡會成病，老來想好命，後生就愛拚。

註 後生：年輕

釋 人不事生產，久坐一定會變懶，久睡也會成病。要想能夠安享晚年，年輕時一定要努力打拚。

555. 食毋窮也著毋窮，打算毋著一世窮，天無落雨無彩虹，人無努力難成功。

註 著：穿；毋著：不對

釋 正常的吃穿並不是造成貧窮的原因，而計算錯誤才會造成一世窮。天不下雨沒能聚積水氣是不可能出現彩虹的，人不努力也絕不可能成功。

556. 毋驚褲袋空，就驚腦空空，頭腦緊用緊靈通，無用頭腦難成功。

註 緊用：愈用

釋 不怕口袋空，就怕腦空空，頭腦越用會越靈通，不善用頭腦是定難成功。

557. 毋愁出生無好命，偓用煞猛摎佢拚，毋信老天恁毋慶，會分窮人輸淨淨。

註 偓：我；煞猛：努力工作；摎：跟；佢：他；恁毋慶：那麼笨

釋 出生貧家不用愁，我用心努力去打拚，逆境中的勇者終會有出頭的一天。不信老天爺有眼無珠，會讓出身貧家的子弟毫無翻身機會。

**558. 煞猛會結果，懶尸滿園草，後生事業有顧好，老來生活無煩惱。**

註 煞猛：努力工作；懶尸：懶惰；後生：年輕

釋 努力工作一定會有好結果，懶惰不事生產，田園必定長滿雜草一無所獲。少壯時能努力把事業經營好，老來生活當然就不煩惱了。

**559. 讀書人詞句碌碌，懶尸人庸庸碌碌，凡事功夫愛做足，田無蒔禾哪有穀。**

註 詞句碌碌：出口成章；懶尸：懶惰；蒔禾：插秧

釋 讀書人說話出口成章，懶惰不思進取的人只能庸庸碌碌虛度一生。不管從事任何行業都必須全力以赴，就如田不插秧不照料是不會有稻穀收成的。

**560. 月無日頭毋會光，牛無夜草毋會壯，愛做社會好棟梁，毋下功夫係空想。**

註 日頭：太陽

釋 月亮是繞著地球而行，本體不發光，但能反射日光，牛隻也要夜草的補給才能養壯。若想成為在社會上有用之才，不下功夫也只是痴人說夢而已。

561. 做人毋好來變苦，變苦食糖也會苦，你係煞猛又毋賭，毋信老天無目珠。

註 煞猛：努力工作

釋 人一旦生活在窮苦的環境當中，連吃糖蜜也會感覺苦澀。只要有決心，努力工作又不去賭，老天一定會照顧你。

562. 細人著大鞋，行路離離犁，凡事就愛有安排，好腳毋用著繡鞋。

註 細人：小孩；離離犁：腳步不穩

釋 小孩穿大鞋，走路必定東倒西歪。凡事先要有完善規劃和安排，才能期待成功。一位有漂亮雙腳的女孩，就不必穿著繡花鞋來美化它了。

563. 車仔愛保養，人愛重修養，凡事就愛有主張，目標正確心毋慌。

釋 行車要安全，車子一定要保養；人要立足社會，首要有好的品德修養。凡事自己要有定見有主張，只要目標正確就心不慌，一步一腳印，才能成就事業。

564. 毋信老人話，將將變教化，前人智慧無花假，信佢一定毋會差。

註 將將：將要；教化：乞丐；花假：虛假；佢：他

釋 不聽老人言，將會輸的變成乞丐般的難堪。要知道前人經驗累積的智慧絕不虛假，相信它是不會錯的。

565. 賺錢可比針挑竻，用錢就像水沖沙，你係使錢準泥沙，就會攎衰歸屋下。

註 竻：有刺的東西；係：如果；攎衰歸屋下：使家庭不得安寧

釋 賺錢就像用針挑竻一般，是辛苦的事，而用錢就像水沖沙般的快速。如果把辛苦賺的錢當泥沙般的恣意揮霍，油盡燈枯時就會把全家帶進愁雲慘霧之中。

566. 樹下好㧯涼，睡目愛眠床，賭博毒品毋好嘗，日後毋會恁淒涼。

註 㧯涼：乘涼；恁：那麼

釋 大樹好遮蔭乘涼，睡覺也必須睡床上才會睡得香甜舒適。賭和毒絕對不可好奇去嘗試，日後的日子才不會那麼淒涼。

567. 君子毋摎牛鬥力，鳳凰毋摎雞爭食，你係煞猛又篤實，天公毋會少你吃。

註 摎：和；煞猛：努力工作；篤實：忠厚老實

釋 君子不會去與牛鬥蠻力，毫無意義；而鳳凰是非常高貴的鳥，也不會去與雞爭食。任何工作只要本持著老實的態度認真去做，就會讓你得到應得的報酬。

568. 一人傳虛十傳真，一人開井千人飲，毋驚日晒雨水淋，忍耐會有好事情。

註 傳虛：散播謠言

釋 謠言一人傳也許無法取信於人，但經十人傳，往往會讓人信以為真。一人辛苦開鑿的井足可供千人飲用，天生我才必有用。做事不怕日晒雨淋，忍耐到最後就會有好結果。

569. 上山擒虎易，開口求人難，上山容易下山難，百樣頭路百樣難。

釋 山上老虎雖是猛獸，但只要使計還是可以成功擒獲。登天容易，開口求人難。空手上山容易，負重下山就難。不努力，天下沒有不勞而獲能輕易成功的。

570. 有錢像條龍，無錢像條蟲，打斷手骨顛倒勇，機會來時就愛衝。

釋 有錢像條龍，無錢像條蟲。遇到挫折時要有越挫越勇的骨氣。凡事只要有準備，把握時機往前衝才能成功。

571. 騎馬坐轎修來福，推車抾擔命裡該，勤耕老實穀滿堆，好食懶做運帶衰。

註 抾擔：挑擔；命裡該：命中注定

釋 今生騎馬、坐轎、推車或挑擔，都是前世勤修來的果報。耕田種地只要老實按時序去耕作，一定豐收可期；而好吃懶做的人，好運氣是不會降臨的。

572. 久在河邊走，哪有無失腳，做事畏首又畏腳，成功難過尋兔角。

註 無失腳：不失足

釋 常在河邊走，就會有失足的危險。如果做事毫無擔當又畏首畏尾，成功機會將難如覓兔角。

573. 久病無孝子，久賭神仙輸，改變命運愛讀書，毋讀詩書無目珠。

註 無目珠：有眼無珠

釋 久病床前無孝子，久賭神仙也會輸。貧者因書而富，要改變命運就是要多讀書，不讀詩書等同有眼無珠，難以立足社會。

574. 燈管通電會有光，頭腦緊用緊靈光，田愛種作毋好荒，有好收成心毋慌。

註 緊用：越用

釋 燈管通電才會發光，頭腦也會越用越靈光。田要勤耕不能荒廢，有了好收成積穀滿倉時就會心不慌亂。

575. 人孅毋好怪父母，貧窮毋好怪政府，後生就驚毒摎賭，煞猛毋會空心肚。

註 孅：弱小；後生：年輕人；摎：和；煞猛：努力工作

釋 長的弱小不能怪父母，貧窮也不要怪政府，怨天尤人於事無補。年輕人就擔心好奇去嘗試毒和賭，輕者形骸名譽受損，重者身敗名裂永無翻身之日。只有盡本分努力工作才能衣食豐足。

576. **事情有難易，項項愛注意，你係做事忒大意，會失成功个機會。**

註 忒：太

釋 事情雖有難易，每樣細節都要注意。凡事都要大處著眼小處著手，如果抱持輕敵大意的態度，就會失去成功的機會。

577. **毋驚強中手，就驚你好賭，久賭神仙也會輸，歸家跢等來受苦。**

註 跢等：跟著

釋 做事不怕強中手，就怕不努力工作又愛賭，久賭神仙輸，會散盡家產，全家人就會跟著來受苦。

578. **家家有本難唸經，孝順父母愛真心，做事定愛有決心，鐵棍也會磨成針。**

釋 家家都有本難唸的經，家和才能萬事興。孝由順起，孝順父母一定要真心。做任何事情只要有決心，鐵杵也可磨成針。

579. 肚飢會想食，做人就愛直，學藝有專又篤實，出外毋驚絡無食。

註 絡：找；絡無食：餓肚子

釋 肚子餓了就會想進食，做人就要正直，這都是最自然最合邏輯的現象。學藝專精又老實，出外就不怕會餓肚子。

580. 做事心愛專，滴水石會穿，細索久鋸木會斷，懶尸爺哀心會酸。

註 煞猛：努力工作；懶尸：懶惰；爺哀：父母

釋 做任何事情都要專心，就如柔弱的水滴久了石頭也會被打穿，用細小的繩子久鋸木頭也會斷。但少壯不努力將一事無成，就會讓父母感到心酸。

581. 根深毋驚樹尾搖，煞猛一定會出頭，子孝毋使父母愁，就愁懶尸滿路搖。

註 煞猛：努力工作；懶尸：懶惰；滿路搖：遊手好閒

釋 樹木根深可以抵擋強風吹襲，勤奮工作也一定會有出頭天。孝順的子弟不用父母擔憂發愁，就擔心不務正業，整天遊手好閒。

582. 打空拳費力，講空話費神，做事就愛有頭神，戇戇當當出事情。

註 愛有頭神：要謹慎小心；戇戇當當：傻乎乎懵懂行事

釋 做任何事情首要有計畫，落實執行方能收效，不然就像打空拳徒費力氣和講空話費神一樣毫無意義。做事情要縝密思考，懵懂行事將無法成功。

583. 求人就像石開花，有事還愛靠自家，後生賺錢愛做家，毋好使錢準泥沙。

註 後生：年輕；做家：節儉

釋 上天難，求人又更難，靠自己才最妥當，不可心存依賴。年輕時賺錢要懂得節約，千萬不可當泥沙般的揮霍。

584. 惡人自有惡人磨，惡馬自有惡人騎，人生步步係險棋，係無小心出問題。

釋 休與小人仇讎，小人自有對頭，惡人自有惡人磨，惡馬也有惡人騎。所有好走的路都是下坡路，想要力爭上游都是荊棘滿布，不小心謹慎就容易出問題。

585. 尋著好師父，少行冤枉路，做事一步又一步，毋好貪心行歪路。

釋 找到好師父，會少走許多冤枉路。做事要腳踏實地，循序漸進，不可急功近利，誤入歧途。

586. 人生有樂也有苦，堵著困難愛忍受，壞運毋好喊天補，專精一藝有出路。

註 堵著：碰到

釋 人生有樂也有苦，碰到困難要忍受，碰到不如意的事，老天也不可能出手幫忙，只有自立才能自強。多才多藝，不如練就獨門功夫，專一才能讓劣勢變為優勢。

587. 有錢妻賢子孝，無錢蛇聲鬼叫，毋好爭利摎人鬥，想愛脫貧愛奮鬥。

註 蛇聲鬼叫：喻吵鬧不休；摎：和

釋 當男人有錢時妻賢子孝，沒錢時就吵鬧不休不得安寧。不要為了小利處處與人爭鬥結冤，想要脫貧就只有自己努力奮鬥。

588. 鈍刀使利手，賺錢愛會守，你係使錢準泥土，老來就會真辛苦。

註 鈍刀：比喻為條件不佳；利手：比喻能力高強的人

釋 即使碰到任何困難的事情，但對能力高強的人一樣可以處理得很好。如果把賺的錢當泥沙般揮霍不知節制，年老時將會過得很辛苦。

589. 朝晨運動身體鬆，早跖三朝當一工，蜂仔採蜜忙做工，毋好睡著日頭紅。

註 朝晨：早晨；早跖：早起；三朝：三個早晨

釋 早起運動身體自然輕鬆自在，而且早起三朝相當於增加一天的工作時間，做事就容易成功。蜜蜂為了繁殖後代，都知要四處忙碌採蜜餵養，而身為萬物之靈的人類如果不知警覺，每天睡到日上三竿，成功之路就會遙遙無期。

590. **看著別人財，毋使目金金，他人成功真用心，失敗反轉愛決心。**

註 毋使：不必；目金金：眼睛雪亮

釋 看到別人成功又發財，不必眼睛雪亮去欣羨，要知道他人成功一定是付出了許多心力。要反轉困境，只有下定必勝的決心方能致之。

591. **山中有直樹，世上少直人，失敗想望人同情，哪有恁好个事情。**

註 恁好：那麼好；个：的

釋 山中有筆直的大樹，而現實社會中就難找到正直的人。失敗時寄望得到別人的同情相助，天下沒有那麼好的事情。

592. **毋驚六月寒，就愁倉無糧，他人有福他人享，自家命歪愛自強。**

註 命歪：命運坎坷

釋 不怕農曆六月出現異常寒冷的天氣，為了生活要勇敢面對，所擔心的就是倉廩空虛。他人努力享受應得的福報，自己命運坎坷，也切莫怨天尤人，要自立自強。

593. 有緣來相識，無緣不相逢，衰過爛褲自家縫，就怪後生像條蟲。

註 衰過：可憐；後生：年輕

釋 俗話說：有緣千里來相識，無緣對面不相逢。年輕時生活懶散，空過姻緣孑然一身，就會可憐衣破無人補。

594. 禾花當開堵大雨，冇穀打毋出好米，加兜番薯好止飢，農民辛苦無人知。

註 當開：正開；堵到：碰到；冇穀：米醬不足的稻穀；加兜：加些

釋 稻正抽穗又逢大雨，無法充分受粉，就會產出許多品質不良的穀子，也就無法打出好米，農家只能米中多加些地瓜一起煮才能餵飽家人。農民的辛苦不親身經歷是他人無法體會的。

595. 做人愛有格，該得正好得，燕子來去有時節，耕田就愛搶季節。

釋 做人要重視人格修養，分外之財切莫貪得。燕子南來北往有時節，因此耕田種地也要依時序而行，才可期待豐收。

596. 凡人毋開口，神仙難下手，你係懶尸又畏苦，爛衫爛褲無人補。

註 懶尸：懶惰

釋 凡人有事不開口，神仙也難下手幫忙。你如果懶惰又怕苦，結果將一無所有，孑然一身，就會落得衣破無人補的窘境。

597. 威不能服人，德正能領眾，入京考試望高中，無下功夫一場空。

釋 威權是不能使人信服，惟有良好的德性才能領導群眾。進京趕考的目的就是期望高中，不下功夫的結局就是一場空。

598. 狼行千里食肉，馬行千里食草，貧窮富貴係因果，煞猛會有好結果。

註 煞猛：努力工作

釋 狼行千里吃肉，而馬行千里吃草，這是各自的因緣果報不同。而人的貧窮富貴也是因果論，善有善報，惡有惡報，但可以確定的是努力一定會有好結果。

599. 單磚難成牆，獨木難成林，自家機會自家尋，煞猛會有好事情。

註 煞猛：努力工作

釋 單磚砌不成牆，獨木也成不了森林。自己的前途和機會是要靠自己去尋找去創造，只要努力就會有好結果。

600. 煞猛等待機會，懶尸機會會飛，使小聰明誤時機，這個道理你愛知。

註 煞猛：努力工作；懶尸：懶惰

釋 平日努力有準備的人等待機會來臨，而懶惰的人即使機會來臨，也會將機會拱手讓人。不努力工作使小聰明會耽誤成功的機會，這個道理你一定要知道。古人云：「聰明本是陰德助，陰德引入聰明路，不行陰德使聰明，聰明反被聰明誤。」

601. 命裡有時終會有，命裡無時有也無，煞猛毋驚命裡無，毋好強求超過勞。

註 煞猛：努力工作

釋 命裡有時終會有，命裡無時有也無，勤能補拙，只要努力就會有收穫，凡事千萬不可強求勞過，累壞了身子划不來。

602. 馬瘦會無力，人貧志會短，牛隻愛壯愛夜稈，人愛成功有理想。

註 夜稈：夜糧

釋 馬行無力皆因瘦，富人思來年，窮人思眼前，人貧志會短。牛無夜草養不肥，人要成功也一定要有理想。

603. 臺上三分鐘，臺下十年功，做人首要講信用，毋好十句九句空。

釋 要想在眾目睽睽之下，上臺發表短暫的任何學習成果，事前不經過長時間的努力和準備是無法辦到的。做人首要就是講信用，說話不可十句九句空。

604. 貴自勤中得，富從儉裡來，勤與儉造就好漢，毋好懶尸又畏寒。

釋 要享貴氣的生活，必須由勤苦中獲得，而富足是從節儉裡得來，勤儉兩端會造就好漢，懶惰又畏苦將一無所有，為人所不齒。

605. 好漢做事好漢當，兄弟同心力就強，你係食有三斤薑，就會耐打又耐砰。

註 砰：捶打

釋 好漢做事好漢當，兄弟同心力就強。客諺：「你係食有三斤薑，就會耐打又耐抨。」

606. 新娘討入屋，媒人逐出屋，人多現實毋知足，心寬毋驚戴矮屋。

釋 婚後媒人和秋後扇子都代表已無利用價值了。新娘討入屋，媒人逐出屋，也是正常現象。人多現實不知足，心寬不怕居陋室，只要知足，居家也會和樂融融。

| | |
|---|---|
| 607. | 兔仔雖細三隻竇，黃牛雖瘦三隻肚，百樣頭路百樣苦，苦瓜恁苦食有補。 |

註 恁：那麼

釋 兔子雖小為了保命會製造三個藏身窩，黃牛雖瘦也有三個胃反芻，這是造物者的巧妙安排。要想成就任何事業都非易事，只有意志堅定的人能突破困境迎向成功，就像苦瓜雖苦但有營養。

| | |
|---|---|
| 608. | 人窮無六親，狗瘦多烏蠅，日日愛有好心情，煞猛一定會脫貧。 |

註 六親：泛指最親近的親屬；烏蠅：蒼蠅；煞猛：努力工作

釋 有食兩只爺，無食像別儕。人窮了連最親近的親屬都會紛紛離去，就像瘦弱的癩痢狗會招來許多蒼蠅一樣不受人歡迎。一個人最重要的就是要日日擁有好心情，也只有努力工作才是脫貧唯一的途徑。

| | |
|---|---|
| 609. | 人無千日好，花無百日紅，凡事能夠多用功，毋使愁慮米缸空。 |

註 米缸空：表衣食足

釋 人無千日好，花無百日紅，要精進知足的活在當下。凡事都能用心從事，就會衣食豐足。

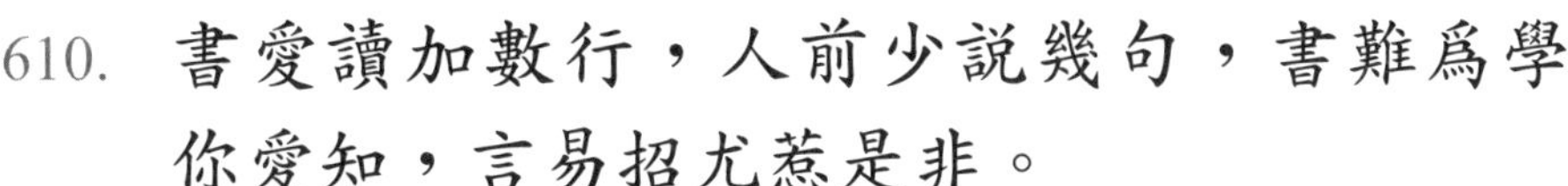

610. 書愛讀加數行，人前少説幾句，書難爲學你愛知，言易招尤惹是非。

釋 書難為學，勸汝等讀加數行；言易招尤，向人前少說幾句。

611. 人心節節高於天，越係有錢越愛錢，有錢人就錢賺錢，無錢人賺汗腺錢。

註 汗腺錢：血汗錢

釋 錢多愈求，官高愈謀，印證了人心節節高於天及越是有錢越愛錢的兩句話。有錢人會用頭腦錢賺錢，窮人因不善理財或迫於無奈，只能靠勞力賺取血汗錢。

612. 磨刀恨不利，刀利傷人指，勤儉毋會枵肚屎，坐食山空吮手指。

註 枵肚屎：餓肚子；吮手指：比喻沒希望

釋 磨刀恨不利，刀利傷人指。需知中和為福，偏激為災。勤儉的人會衣食豐足不挨餓，懶惰就會坐吃山空，前途暗淡毫無希望。

613. 人人愛耕圳邊田，嫁妹毋使取有錢，孝順公婆擺優先，省儉自然毋欠錢。

註 省儉：節儉

釋 人人要耕水圳邊灌溉便利的水田，嫁女兒就莫貪取男方的田產。為人媳婦如能把孝順公婆擺優先，自會有福分降臨，又能勤儉持家的話，家用自然就會豐足。

**614. 豆腐就愛磨，田事就愛做，你係好食又懶做，日子慢慢就難過。**

釋 磨豆腐是件非常辛苦的工作，耕田種地和磨豆腐一樣要每天親臨施作才會有好收成。你如果好吃懶做，未來的日子慢慢就會難過。

**615. 農人田事實在多，愛靠人力愛去摸，寒風刺骨閃毋過，日晒雨涿嘛愛做。**

註 雨涿：雨淋；嘛：也

釋 農人田裡工作實在多，都要靠人力去做，辛苦可想而知，寒風刺骨躲不過，日晒雨淋也要做。

**616. 細人就好噭，犡牛就好鬥，你係好食又懶頭，鄰鄰舍舍都會笑。**

註 細人：小孩；好噭：愛哭；懶頭：懶惰

釋 小孩天生就愛哭，就和年輕犡牛也好鬥的情況類似。立身社會，如果不務正業好吃懶做，就會遭到左鄰右舍的恥笑。

617. 盜賊出於貧窮，禮義生於富足，毋好畏畏又縮縮，煞猛就會家用足。

註 煞猛：努力工作

釋 飢寒起盜心，農業社會的盜賊多出於貧窮。禮義生於富足，因為富而好禮。做事最重要是決心和毅力，如果畏縮不前將一事無成，只要努力一定會家用足。

618. 欲求生富貴，需下死功夫，好食懶做像條豬，阿爸看著面會烏。

釋 要求得富貴的生活，就必須在工作崗位上努力不懈才能成功。如果像豬一樣好吃懶做，不但一事無成，阿爸看到也會生氣，這是不孝的行為。

619. 事有計畫就有步，船到江心補漏遲，別人出生金湯匙，努力自有得運時。

註 步：方向

釋 做任何事情，只要有計畫就能理出正確方向，如果事前未充分準備，船到江心才補漏那就為時已晚了。不必羨慕別人啣著金湯匙出生，只要自己奮發努力，幸福是不會遺漏勤奮工作的人。

620. 食齋會得道，黃牛上西天，人人共樣有一天，愛享富貴勤儉先。

**釋** 光靠吃素就可得道，那黃牛豈不都可上西天了。老天是公平的，給每個人一天的時間都一樣，要享富貴生活必定要將勤儉擺優先。

621. **忍字頭上一把刀，毋忍自把禍招來，莫信富貴命裡該，勤結善緣財自來。**

**註** 命裡該：命中注定

**釋** 忍字頭上一把刀，不忍會把禍招來。不可偏信富貴是命中注定，只要處處與人為善，人緣佳就一定會招來財運。

622. **思量飢寒苦，飽暖便係福，愛想倉廩滿米穀，忍耐毋驚分雨涿。**

**註** 倉廩：倉庫，藏穀的叫倉，藏米的叫廩；分：給；雨涿：雨淋

**釋** 想到苦難的人要忍受飢寒苦，自己能享受飽暖也是一種幸福。想要倉廩堆滿米穀，就要忍耐，不畏風雨的努力工作。

623. **一日修來一日功，一日毋修一日空，莫信風水吉也凶，煞猛一定會成功。**

**註** 煞猛：努力工作

**釋** 為人只要精進用功一天，就會有一天的收穫；反之，怠忽一天，就會失落一天毫無所獲。不必迷信風水地理之吉凶禍福，只要努力就一定會成功。

624. **勤快又勤快，有米又有菜，商場無信人毋愛，懶尸就會空褲袋。**

註 懶尸：懶惰

釋 做任何事能本持著勤快的精神，當然三餐就能溫飽無虞。人無信不立，尤以商場一旦失信，無誠信即無商機。不求精進懶隋成性就會落得口袋空空。

625. **時來運會通，青草變成蔥，種西瓜愛泥土鬆，做人頭腦愛靈通。**

釋 時機來時運會通，門前毫無價值的青草經過耕耘也會長出有價值的青蔥。種西瓜都知道要種在鬆軟土地上，做人也要善用頭腦，靈活應變才能成功。

626. **一點錢三點汗，非分之財莫貪取，萬丈高樓平地起，一步登天不容易。**

釋 一點錢三點汗，賺錢絕非易事，但非分之財不可去貪取。要知道萬丈高樓平地起，想要一步登天是不可能成功的。

627. **鐵打犁頭年年壞，未見田中換濫泥，毋驚雙腳著爛鞋，就驚失志頭犁犁。**

註 頭犁犁：抬不起頭

釋 鐵打犁頭年年壞，未見田中換爛泥，說明柔能克剛。不怕雙腳穿爛鞋過苦日子，只要努力也可翻轉人生，就擔心畏苦失志，終將失敗抬不起頭來。

628. **平安就係幸福，健康就係財富，爲了家庭愛照顧，毋驚爛衫摎爛褲。**

註 摎：和

釋 平安就是幸福，健康就是財富。為了照顧好家庭，不擔心現階段的貧困生活，只要咬著牙努力工作，就可改善家境。

629. **大食大啉眼前香，細水長流度災荒，好漢做事好漢當，毋驚跌著滿身傷。**

釋 大吃大喝只是享受眼前短暫的口腹之欲，而節約用度才能細水長流度災荒。好漢做事好漢當，不怕失敗，只要努力就可突破困境，轉危為安。

630. **做人就愛忠，頭腦愛靈通，煞猛一定會成功，日頭毋會西往東。**

註 煞猛：努力工作

釋 做人就要忠，頭腦要靈通，做事要努力不懈就才會成功，就和太陽不會由西往東的道理是一樣的。

631. **頭腦愛用手要動，卒仔也會變英雄，愛行西來你行東，差以千里難成功。**

註 卒仔：象棋棋子，只能前進不能退，比喻為位卑職小的人

釋 勤能補拙，做事懂得手腦並用，小卒子也會變成英雄。要該往西時你偏要往東，就會造成失之毫釐，差之千里的謬誤，是難以成功的。

632. **上山毋帶刀，毋當屋下坐，卒仔也知愛過河，豈可人等轎來坐。**

註 毋當：不如；屋下：家裡；卒仔：象棋棋子，只能前進不能退，喻為位卑職小的人；等轎來坐：比喻坐享其成

釋 上山一定要帶刀，可闢路、砍柴兼防身，如不帶刀就不如在家休息來的安全。象棋卒仔也知要過河，不過河只能坐以待斃，人不努力是無法享受成功的果實。

633. **事情毋好拖，做事毋好趖，時間匆匆快如梭，機會一失全盤無。**

註 趖：懶散不積極

釋 做事情不可拖也不能懶散不積極，因為時間匆匆快如梭，不預先做好準備功夫就會失去先機，成功的機會也就渺茫。

**634. 是非皆因多開口，煩惱也因強出頭，無料又好出風頭，你个前途有好愁。**

註 **無料**：沒本事

釋 是非皆因多開口，舌動是非多，煩惱也因強出頭，人之大患在好為人師，沒本事又愛出風頭，你的前途就會令人擔憂。

**635. 相識容易相處難，登天容易求人難，堵著事情想清閒，百樣頭路百樣難。**

註 **堵著**：碰到；**頭路**：工作

釋 人是無緣不聚的，但相識容易相處難，登天容易求人難。如碰到事情就想清閒偷懶，要想成就事業就是難上加難。

**636. 係驚打濕腳，浪想把魚捉，篤實打拚菜滿桌，懶尸就會變人腳。**

註 **係驚**：如果擔心；**浪想**：妄想；**篤實**：忠厚老實；**懶尸**：懶惰；**人腳**：讓人瞧不起的人

釋 如果擔心下水會打濕褲腳，就妄想能抓到魚，只有做人實在又工作勤奮，才能衣食豐足，懶惰將一事無成，也會讓人瞧不起。

637. 冷風吹入骨，就想鑽被骨，毋經寒霜摎雨涿，哪來梅香吹入屋。

註 被骨：被子；摎：和；雨涿：雨淋

釋 冷風刺骨確實令人難受，如果只想鑽入被窩將難成氣候。凡事能忍得住，一切挑戰都會化作生命的養料。不經一番寒徹骨，焉得梅花撲鼻香。

638. 細人天真真快樂，人老就驚無安樂，人情像紙張張薄，愛靠自家無毋著。

註 細人：小孩

釋 小孩天真真快樂，而老人家最擔心的就是晚年無法享受安樂的家庭生活。紙張薄，人情更薄，靠山山會倒，靠人人會跑，只有自己才最可靠。

639. 人人望子會成龍，光宗耀祖顯祖宗，忍得寒夜冰肌風，正有可能會成功。

註 正有：才有

釋 望子成龍，望女成鳳，衣錦還鄉，光宗耀祖，是客家長輩對子女最大的期盼。但年輕學子如不能忍受寒夜隙風侵肌之苦，是不可能成功的。

640. 日頭焫焫照四方，各行各業用心鑽，目標正確心愛專，細索久鋸木會斷。

註 日頭焫焫：烈日當空

釋 烈日當空到處一片生意盎然，各行業都為了自己前途用心打拚。事業經營要目標正確又專心就會成功，繩鋸木斷，水滴石穿，就是耐心和毅力的最佳見證。

641. 季節轉移到冬尾，河水春暖鴨先知，春燕由南往北飛，萬物之靈就愛知。

釋 季節轉移到冬末，雞寒會上樹，鴨寒會下水，河水春暖鴨會先知，而春天南燕會北飛避暑。萬物都能適時因應氣候變遷而行，萬物之靈的我們也不能墨守成規，要順應時勢做最佳調整和因應。

642. 客人好起屋，福佬好吃粥，種田毋驚雨來涿，就愁老來難享福。

註 客人：客家人；福佬：閩南人；雨來涿：雨來淋

釋 昔時客家人窮居山區，思想保守，較喜歡建屋以求安居。而居住平原的閩南人，靠勞力耕作者少，喜歡吃粥。農人耕作不怕屎不怕尿，更無懼日晒雨淋，擔心的是老來不能安享晚年。

643. 食人一口還一斗，猴仔食飽滿山走，無錢難向人開口，煞猛就可賺多少。

註 煞猛：努力工作

釋 吃人一口還一斗，要有感恩的心態，不能像猴子吃飽只會滿山跑不思進取。要知道沒錢向人開口難，只要認真工作，就可賺些錢貼補家用。

644. **好漢不提當年勇，也莫懶尸像條蟲，毋好好食又懶動，金山銀山也會空。**

註 懶尸：懶惰

釋 好漢不提當年勇，要認清形勢活在當下，也不能懶惰的像條蟲似的好吃懶做，即使萬貫家財也會有坐吃山空的一天。

645. **身體愛顧好，牛子愛夜草，項項事情莫過勞，身體係好項項好。**

釋 有健康的身體才能發展良好的事業，就像牛隻也要有充足的夜糧才能養壯可供驅使。任何工作要量力而為，切勿過勞，有好的身體才是一切事業成功的基礎。

646. **學好三年功，學壞三分鐘，書難爲學愛用功，心有邪念難成功。**

釋 要學好任何事物必須經過長時間的努力才可成功，但學壞的時間是超乎想像的短。書難為學要用功，心有邪念就難成功。

647. 日出東山落西山，毋好項項摎人爭，前人智慧你愛聽，冤枉之路會少行。

註 摎：和

釋 日出東山落西山，不可凡事都要與人爭，要隨緣順勢而為，切莫逆天而行。能善用前人智慧，就會少走許多冤枉路。

648. 大風大雨傷水果，安全防護愛做好，係愛老來少煩惱，後生身體愛顧好。

註 後生：年輕

釋 狂風暴雨會傷害水果，因此事前的防護要先做好，才能減少損失。如果想要老來體健少煩惱，年輕時就要把身體照顧好。

649. 萬丈高樓平地起，凡事毋好摎人比，他人成功他福氣，失敗就愛有志氣。

註 摎：跟

釋 萬丈高樓平地起，凡事不要跟人比，只要隨緣勉力而為即可。他人成功是他人的努力才能得到的福氣，自己失敗就要有擦乾淚水重新奮鬥的志氣。

650. 做人就愛有骨氣，窮字就驚有志氣，艱難困苦俚敢去，哪有困難化毋去。

註 偓：我

釋 做人就要有骨氣，窮字就怕有志氣。任何艱難困苦我都有接受挑戰的勇氣，哪還會有困難不能解決。

651. **後生雖然好，轉眼人漸老，時間一定催人老，老人智慧正係寶。**

註 後生：年輕

釋 年輕如初春的綠草生意盎然，但切莫虛度光陰，因為歲月會催人老，轉眼又近耄耋之年。老人的經驗是人間瑰寶，要善加學習和利用。

652. **山毋過來搓過去，毋好坐等等機會，機會一閃成過去，人有準備會得利。**

註 搓：我

釋 俗話說的好，山不轉路轉，路不轉人轉，只要肯用心，任何困難都可以找到解決辦法，切不可怠惰空等待。機會稍縱即逝，只有做好先期準備功夫的人才會得利。

653. **莫嘆人心惡，莫冤屋下窮，決心做事便不同，蝻蛇脫殼變條龍。**

註 屋下：家裡

釋 莫嘆人心惡，因為富貴多炎涼，骨肉多猜忌，更何況是外人；也莫怨家裡窮，只要努力，茅屋也會出相公。蝻蛇脫殼變條龍，只有努力才可期待收穫。

| 654. | 出身貧富侄个命，道路難行毋使驚，無人欠你莫去攀，道理就係恁簡單。 |
|---|---|

註 侄个：我的；恁：那麼

釋 出身貧富是命中注定的，也許先天條件不如人，前行道路較為艱困難行，但天下無難事，只怕有心人。做人要有骨氣，沒人欠你莫攀緣，道理就是那麼簡單。

| 655. | 心臼毋使忒會擇，撿撿擇擇爛瓠杓，鴨遊埤塘真快樂，斤斤計較難安樂。 |
|---|---|

註 心臼：媳婦；忒會擇：太會挑；撿撿擇擇：東挑西選；瓠杓：瓠瓜晒乾鋸開做成的舀水器具，比喻不值錢的東西

釋 媳婦不必太費心挑選，只要人品好即可，東挑西選可能會挑到爛瓠杓。鴨子在池塘優遊自在真快樂，做人要知足，斤斤計較難得安樂。

| 656. | 海水難斗量，人心難思量，求人就像上天樣，就愛自家先像樣。 |
|---|---|

註 像樣：成才

釋 人心難測海水難量，世態多炎涼，求人難如登天。要翻轉人生，首先要自己爭氣成才。

657. 家貧毋係貧，路貧貧死人，求人毋係好事情，立志正會來脫貧。

釋 在家貧窮不算是真窮，因有還有家人可協助，情況終會改善；而出外時貧窮將求助無門，才是真貧窮。求人並非好事情，但人情債難償，只有立志才能脫貧。

658. 社會笑貧不笑娼，想著世態心會涼，人貧就愛志氣強，家和就會招吉祥。

釋 社會笑貧不笑娼，想起世人的炎涼心態，真令人心頭發涼。人窮只要志氣高，就能改變現狀，家庭和睦就會招來吉祥。

659. 失敗反轉想成功，毋好失志毋停動，大丈夫窮當益工，煞猛正可能成功。

註 毋定動：不行動；窮當益工：要振作或自強不息；煞猛：努力工作

釋 事業失敗想要反轉成功，就不可失志要發奮圖強。士君子窮當益工，必須重新振作才可能會成功。

660. 人有夢想愛成功，毋好睡到日頭紅，成功就像一條龍，失敗會變一尾蟲。

註 著：到；日頭紅：日上三竿

釋 人人都嚮往成功，但要記住早起三朝當一工，如果天天睡到日上三竿是絕難成功的。現實社會，成功就像條龍般的活躍讓人羨慕，失敗就會變成一條蟲讓人瞧不起。

**661. 深山樹木有長短，水浸蓮花有高低，毋驚重擔肩頭孩，就驚失志人看低。**

註 孩：挑

釋 深山樹木有長短，水浸蓮花有高低，因為各自因緣條件不同，要有挑起千斤重擔的毅力，如果遇到困難就畏縮失志，前途必定暗淡，會讓人瞧不起。

**662. 富人毋知窮人苦，窮人痛苦吞落肚，係想脫離貧窮苦，食苦就愛當食補。**

釋 富人不了解窮人苦痛，千富難救一家窮，窮人的痛苦只能往肚裡吞。想要脫離貧窮的苦日子，就要有吃苦當吃補的耐心和毅力。

**663. 在家說道江湖好，出外正知做客難，項項頭路項項難，用心去做莫驚煩。**

註 頭路：工作或事業

釋 在家把混跡江湖想像成容易的事，而當真正踏出家門才深深體會外出作客難。任何工作不努力都不易成功，只有用不怕煩的精神用心經營才能化解困難。

664. 衫愛新个靚，人愛老个好，老人智慧有學著，堵著困難少煩惱。

註 个：的；靚：漂亮；堵著：碰到

釋 新衣衫漂亮，老人智慧是個寶，如能善用老人智慧就可化解困境，也可減少煩惱。

665. 良心做事心就安，時存好心路自寬，做事就驚心毋專，心專滴水石會穿。

釋 做任何事情只要憑良心就會自覺心安，時時心存好心助緣必多，前途道路自然寬廣。做事就怕心不專，心專就如滴水石也會穿。

666. 才子多無貌，爛扇還多風，食用愛足勤勞動，勤儉正係客家風。

釋 才子多無貌，說明人不可貌相；爛扇還多風，要吾輩珍惜所有。勤勞就能衣食足，而勤儉才是真正的客家傳統風範。

667. 農民耕作真辛苦，歸日田肚搞泥土，爲了三餐好落肚，日日做到兩頭烏。

註 歸日：整天；田肚：田裡；兩頭烏：早出晚歸

釋 農民耕作真辛苦，整天在田裡與泥土為伍，只是為了滿足家人的三餐溫飽，每天要早出晚歸的辛勤工作，才能拖著疲累的身子回家。

| 668. | 看病愛對脈，吃藥愛對時，作物施作愛及時，收成也愛靠天時。 |
|---|---|

釋 中醫師看病必先把脈，病患必須依指示時間吃藥才能收效。作物施作也須及時依時序而行，但好的收成還必須有好的天時配合才能達成。

| 669. | 人窮真悲哀，容易人看衰，失敗莫喊阿姆哀，有志泰山也會開。 |
|---|---|

註 毋使：不必；緊喊：徒嘆；阿姆哀：哀聲嘆氣

釋 有錢妻賢子孝，無錢蛇聲鬼嗷。現實社會，人窮真的很悲哀，也容易讓人看輕看衰。失敗也不必哀聲嘆氣，因為窮字怕立志，有志泰山也會為你開。

| 670. | 有錢係佢事，家貧俚紮志，勤儉又知做善事，老天毋會失若志。 |
|---|---|

註 佢：他；俚：我；紮志：立志

釋 別人努力賺了錢是他人的事，家貧要立志不可灰心喪志，只要勤儉又能行善事，老天看在眼裡是不會讓你失志的。

| 671. | 無名草木年年發，毋信男兒一世窮，毋怕苦來毋怕窮，煞猛早慢成條龍。 |
|---|---|

註 煞猛：努力工作；早慢：早晚

釋 枯木逢春猶再發，不信男兒一世窮，但要記住，花有重開日，人無再少年。年輕時期只要有不怕窮不怕苦的精神，努力遲早會成功。

672. **果樹成長愛修枝，水果好吃鳥先知。才能毋好隨人知，煞猛會逢好時機。**

註 煞猛：努力工作

釋 果樹成長要修枝去蕪存菁，果子成熟飛鳥會先知。君子之才華玉蘊珠藏，不可使人易知，努力一定會逢好時機。

673. **洗面洗耳角，耕田改田角，社會人心多險惡，求人就像尋兔角。**

註 耳角：耳朵角落；改：用鋤頭挖地

釋 洗臉要洗耳朵角落，耕田要挖田角落，這是提醒人們做事要注意細節部分。社會人心多險惡，求人就如尋兔角般的無奈不可能。

674. **有錢常思無錢日，莫待無錢想有錢，無錢伸手樣可憐，求人難過上青天。**

釋 有錢要常思沒錢時的痛苦日子，不要花費無度，囊橐無餘時要想回復往日有錢時的奢華日子就難了。沒錢向人伸手借錢的樣子可憐且難上青天。

**675. 有本好生利，無本空嘆息，有時少用一息息，急時愛用心毋急。**

註 一息息：一點點

釋 有本錢可利滾利，沒本錢就只能空嘆息。當我們擁有的物質條件充裕時也要節約用度，一旦臨時急用才不致心慌意亂。

**676. 家富養嬌子，貧窮當牛駛，艱苦當前毋推遲，好吃懶做人不齒。**

註 嬌子：嬌縱的孩子；當牛駛：當牛驅使

釋 富裕家庭比較嬌寵小孩，但嬌生慣養難吃苦。貧家小孩要分攤家事，也往往被當牛般的驅使，因而磨練出許多刻苦耐勞的個性。艱苦當前要有不卸責和勇於接受挑戰的決心，好吃懶做將為人所不齒。

**677. 寧摎千人好，莫結一人仇，千軍萬馬一人主，一人行差全家苦。**

註 摎：和；行差：誤入歧途

釋 寧和千人好，莫結一人仇，多一個朋友多條路，得罪一個朋友多道牆。千軍萬馬一人主，多頭馬車將難以駕馭。如果家中成員有人悖離了道德，誤入了歧途，將會牽連全家一同受苦。

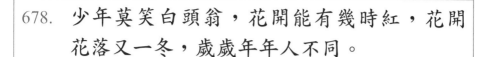

| 678. | 少年莫笑白頭翁，花開能有幾時紅，花開花落又一冬，歲歲年年人不同。 |
|---|---|

釋 少年莫笑白頭翁，花開能有幾時紅，少壯不努力，老大徒傷悲的日子轉眼就到。花開花落又一年，年年歲歲花相似，歲歲年年人不同。

| 679. | 後生去遊蕩，老來做和尚，貧窮富貴都一樣，煞猛一定無共樣。 |
|---|---|

註 後生：年輕；煞猛：努力工作；無共樣：不一樣

釋 年輕時遊手好閒，老來一事無成孑然一身，只好入寺作和尚。出身貧窮富貴都一樣，只要認真工作一定能改變困境。

| 680. | 出家心如初，成佛願有餘，目標清楚心不移，泰山當前毋驚佢。 |
|---|---|

註 佢：它

釋 出家如能一本初心，必定成佛有餘。做任何事情只要目標正確，勇往直前，就是泰山當前也無法擋住去路。

| 681. | 打田又打地，打毋著手藝，學有一身好手藝，出外毋驚無路去。 |
|---|---|

註 打田又打地：大水沖刷田地；毋著：不到；無路去：無出路

釋 大水可以沖刷田地，但絕沖不掉一身好手藝。能練就一身好手藝，出外就不擔心沒出路。

682. 淡中識真味，常裡識英雄，人人潛力都無窮，莫羨他人自用功。

註 真味：真正適口的滋味；常裡：日常生活當中

釋 美酒佳餚、山珍海味都非適口的真滋味，真味只是淡，真正智慧出眾的人不會有奇特的作風，而是由平常生活中表現出來。人人都潛力無窮，不必羨慕他人功成名就，只要立志就會成功。

683. 好漢無好妻，劣漢討花枝，時運吂到莫自卑，禾嗶會變鳳凰飛。

註 花枝：如花般美貌女子；吂到：未到；禾嗶：麻雀

釋 好漢的妻子相貌平平不愛張揚，默默奉獻，是先生背後成功的後盾；而劣漢娶得花枝招展的美妻，終日招搖，終至事業難成。時運未到莫自卑，只要努力蓄積能量，伏久者飛必高，時運一到，麻雀也會變鳳凰。

684. 天毋出無用之人，地毋生無用之草，煞猛打拚會結果，白玉也愛妙手磨。

註 煞猛：努力工作

釋 上天不會生出無用的人，地面也不會長出無用的草。因此，人沒有理由頹廢，只要努力工作，一定會收獲結果，玉要成器也要妙手來磨。

685. 多藝多思藝不精，專精一藝可成功，行船就驚逆頭風，時衰運敗莫放鬆。

註 逆頭風：逆風

釋 雖說男人百藝可隨身，但多才多藝不如練就獨門功夫，專精一藝可成功。船行江海就怕迎逆風，碰到逆境時也莫放鬆，要有凍死迎風站，餓死不彎腰的骨氣，才能迎接挑戰，度過難關。

686. 打了三年官司，當得半隻律師，三人行必有我師，先人智慧係良師。

註 半隻：半個

釋 打了三年官司，可當上半個律師，這都是經驗的累積。三人行必有我師，事情要做好必須向有智慧的人請益，因為先人智慧是良師。

687. 蔗就老來甜，薑就老來辣，成功就愛慢慢蹶，合人事業難發達。

註 蹶：爬；合人：合夥

釋 甘蔗是老的甜，薑是老的辣，是比喻老人經驗富。要想成功就必須按部就班，戮力而行，而與人合夥的事業，意見難以整合，成功機率並不大。

688. 人係窮來山就光，堵著事情心莫慌，靠人食飯空米缸，勤儉流汗穀滿倉。

註 堵著：碰到

釋 居住山區謀生不易，靠山吃山，山光人就窮。當事情來臨時要冷靜切莫心慌，做好規劃才能迎接挑戰。靠人吃飯常空米缸，勤勞耕作才能積穀滿倉。

689. 蒔田愛挲草，子弟愛教好，窮人只有三餐早，成功有錢項項好。

註 蒔田：插秧；挲草：以跪姿用雙手在稻田中滑行除草

釋 插秧要除草才會有好收成，子弟要教好才能知書達理。窮人為了生活，三餐必須早吃，俾便出外工作賺錢，成功又有錢時，做任何事情皆能得心應手。

690. 愛食百歲命，也愛自家慶，日常食著知省儉，老來毋愁無好命。

註 百歲命：長命百歲；慶：厲害；食著：吃穿；省儉：節儉

釋 想要長命百歲，就要在日常生活當中知所節制。平日能節約開支，簡單生活，就不用擔憂年老時的生活了。

691. 會算又會籌，毋愁無前途，智能高低命來主，煞猛毋使嫌命苦。

註 籌：籌畫；煞猛：努力工作

釋 會計算又懂得籌畫，前途就不必多慮。人的智能雖有高低，但勤能補拙，努力一樣會有出頭天，也可彌補先天的不足。

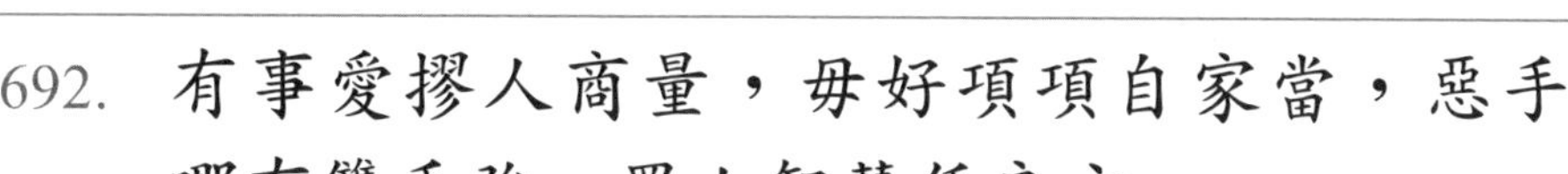

692. **有事愛摎人商量，毋好項項自家當，惡手哪有雙手強，眾人智慧係良方。**

註 摎人：和人；惡手：能力高強的人；毋當：不如；雙手強：眾人的智慧或力量；係：是

釋 凡事要多找人商量，因為個人的智能有限。能力再高強的人，個人智慧也抵不過眾人集思廣益來得周密，眾人智慧才是解決問題的良方妙計。要了解「星多夜空亮，人多智慧廣」的道理。

693. **賣田毋敢田脣行，賣子毋敢喊子名，路有阻隔慢慢行，忍耐就可度難關。**

註 田脣：田埂

釋 賣田不敢走在賣地的田埂上，賣子也不敢喊叫兒子的名，都會觸景傷情。縱使前途道路坎坷難行，只要一步一腳印，忍耐就會衝破難關。

694. **朋友就愛講信義，有時確實輸利益，貪圖小利人會畏，交朋結友目愛利。**

釋 交朋友就愛講信義，有時道義確實輸利益，貪圖小利會讓人產生畏懼，因此結交朋友眼睛一定要放亮。

695. **水毋得時浪不平，人毋得時運毋通，時運吂到煞猛衝，怨天怨地難成功。**

註 毋得時：未碰上好時機；盲到：未到；煞猛：努力工作

釋 水在氣候不佳的情況下，浪是不平靜的；人運氣不好時，事業也不會順暢。時運未到只有堅定意志朝目標往前衝，怨天尤人是絕難成功的。

| 696. 上屋搬下屋，失了一袋穀，後生輒輒換頭路，到尾無人敢來顧。 |
|---|

註 後生：年輕人；輒輒：經常

釋 上屋搬下屋損失一袋穀，得不償失。年輕人頻頻更換工作，就跟上屋搬下屋一樣，無形中就讓人質疑你對工作的忠誠度和耐心，到最後就會無人敢來僱用你。

| 697. 十步愛來留一步，免得師仔打師父，無好師父學無步，學藝有精有出路。 |
|---|

註 師仔：徒弟；學無步：學不到好手藝

釋 師父都會暗藏絕技，免得技藝被徒弟超越，這是昔時師父授徒時之公開祕密。學習任何技藝如果沒有好師父引領將學不到好手藝，學藝專精就會有好出路。

| 698. 有功莫自誇，有錢莫亂花，毋愁出生貧窮家，煞猛一定會開花。 |
|---|

註 煞猛：努力工作

釋 有功莫自誇，自誇將給人輕浮不實際的感覺；有錢也不可亂花，要有未雨綢繆的觀念。出生貧家不必自怨自艾，只要努力工作一定會有成果。

**699. 小小事情愛忍耐，無忍無耐事變大，堵著事情心愛在，慌慌張張易失敗。**

註 堵到：碰到；心愛在：要心平氣和

釋 小小事情要忍耐，不能忍耐會小事變大事，小不忍則亂大謀。事情來臨時要心平氣和，切莫慌張，慌張思慮欠周就容易招致失敗。

**700. 佛祖毋驚日頭晒，人無信用分人怪，毋驚雙肩來背債，煞猛還愛知忍耐。**

註 日頭：太陽；分人：給人；煞猛：努力工作

釋 佛祖不怕太陽晒，就怕不靈沒人拜。人無信不立，言而無信將會受人責怪。身處逆境也不必擔心背負債務，刻苦忍耐就能突破困境。

**701. 毋驚生來醜，就驚人好賭，十賭一定會九輸，牛筋愛向牛背抽。**

釋 不用擔心長得不夠體面，就擔心好賭成性。十賭九詐，久賭神仙輸，牛筋一定是向牛背抽的。

**702. 早䟘三朝當一工，拈燒怕冷難成功，逆風揚帆毋怕風，天無落水沒天弓。**

註 早䟘：早起；一工：一天的工作量；拈燒怕冷：畏縮不前；天弓：彩虹

釋 早起三天就等於多了一天的工作量，生性懶散遇事畏縮不前，沒擔當就絕難成功。要有逆風揚帆不怕風的勇氣和毅力，天不下點小雨是見不到彩虹的。

703. **平生只會量人短，何不回頭把自量，利益毋好金金相，自家努力正像樣。**

註 金金相：目光如豆，貪得的樣子；正像樣：才有擔當

釋 平生只會對別人道長論短，何不回頭反躬自省。不可見到利益就目光如豆，一副貪得的樣子，凡事還是要靠自己努力才是有擔當的表現。

704. **學歷毋愁無人高，煞猛就會結好果，零星時間莫放過，成功機會比人多。**

註 煞猛：努力工作

釋 不愁學歷沒人高，努力就會有結果。能善用別人休息的零星時間的人，成功的機會一定會比別人多。

705. **好看人食肉，莫看人破木，煞猛會有穀，積德會有福。**

註 破木：劈材；煞猛：努力工作

釋 看人食肉，安全無虞；看人劈木，會有危險存在。田要勤耕就能積穀滿倉，行善積德也會福祿無邊。

3-2

706. 大鬼無好樣，細鬼會學樣，身教言教都共樣，幼時教好難變樣。

註 大鬼：比喻大人；細鬼：比喻小孩；共樣：一樣

釋 大人沒好典範，小孩會學樣，上梁不正下梁歪。身教言教對小孩的影響都同等重要，只要小孩從小調教好，能知書達理，長大成人變壞的機率就會大大降低。

707. 做了皇帝想成仙，戇狗想食豬肝肉，無錢三餐罔食粥，有志毋驚食無肉。

註 罔：加減；毋驚：不怕

釋 做了皇帝就想成仙和戇狗想吃豬肝肉都是形容人心不足。落魄貧窮時要能忍耐能以稀飯來果腹，只要立志就不怕食無肉。

708. 自家係肯上進，哪驚別人看輕，事在人爲毋使驚，成功愛留好名聲。

釋 只要自己肯上進，就不用擔心別人會看輕你，只要有解決問題的決心，事在人為就沒有衝不破的難關。成功要留好名聲，才能為後人所景仰。

709. 十年河東十年西，莫笑窮人著破衣，人貧立志莫自卑，努力會逢好時機。

釋 十年河東十年河西，莫笑窮人著破衣，風水是會輪流轉的，不能以自己的天空去衡量別人的世界。人窮莫自卑，只要立志一定會逢到好時機。

**710. 水弱可穿石，舌弱可抵齒，萬般計畫慎於始，知止常止終不恥。**

釋 水弱可穿石，舌弱可抵齒，兩者視似弱，其實強勢無比。萬般計畫要慎始，惟有透過縝密思考，才能事半功倍。知足常足，終身不辱；知止常止，終身不恥。

**711. 官無常富貴，人無常低賤，愛登高山腳愛踐，登上山頂光明現。**

註 踐：腳尖著地使力前行

釋 官無常貴，人無終賤，伏久者飛必高，只要努力就會逢好時機。就如登高山雙腳就要努力往上踩，登上山頂就出現光明的廣闊視野。

**712. 讀書讀毋多，料字讀成科，讀書好處實在多，知能善用少犯錯。**

釋 書讀得不夠多，料字會讀成科。讀書好處實在多，能善用知識就能減少犯錯機會。

**713. 雨水連綿係豐年，農民毋用力耕田，冬牛食飽春耕田，煞猛毋使愁無錢。**

註 煞猛：努力工作

釋 秋天如果雨水連綿，作物就可期待豐收，農民也能較省力去耕田。冬牛要飽食，養精蓄銳以便春耕，人只要努力工作，就不用擔心家用不足。

714. 屋細可容體，心寬毋儲愁，經營事業像過橋，係無用心難出頭。

註 像過橋：喻過危橋

釋 大廈千間，夜眠八尺，屋小可容體。眼內有塵三界窄，心頭無事一床寬，心寬的人不容愁思。經營事業就像過危橋，如不用心是難出頭的。

715. 酒香毋驚巷仔深，就驚功夫毋罅深，料理實在有用心，較遠人嘛會來尋。

註 毋罅深：不夠深；較遠：再遠；嘛會：也會

釋 只要釀酒技術能獲得好口碑，即使隱身深巷也會生意興隆，令人擔心的就是功夫不到位。經營美食只要用心又料理實在，即使位處偏僻，顧客都會慕名而來。

716. 一念善成佛有餘，善念可以消百惡，蛹蛇成龍愛脫殼，懶尸哪會有安樂。

註 懶尸：懶惰

釋 出家的善念如初，必定成佛有餘，而且一善可消除百惡。人窮志不窮，蛹蛇脫殼會成龍，懶惰就難得安樂。

717. 欲知山下路，需問過來人，努力少去擔人情，前途事業自家尋。

釋 欲知山下路，需問過來人，做事能向前輩請益，就可少走冤枉路。為人要立志莫攀緣，因為人情大過債，自己的前途事業要靠自己努力去尋找耕耘。

718. 閒中不放過，忙中有受用，空閒時間曉得用，事業成功大功用。

釋 能善用閒暇時間累積更多的專業知識，事情來臨時就會有受用，也會對事業成功發揮更大的功用。

719. 事到手愛慢慢想，想到時就遽遽行，耕田持家愛肯行，毋好坐等等天晴。

註 遽遽：趕快

釋 遇到事情時要細心思考，待計畫完成目標鎖定就要即刻行動。耕田持家也一樣，要有付出才可期待有好收成，如果只坐待好天才出門就欠收可期了。

720. 健康就係財富，平安就係幸福，勤耕一定會有穀，布施到尾享福祿。

釋 健康就是最大的財富，平安就是幸福。田地勤耕一定會有好收成，懂得布施就會招來福氣。

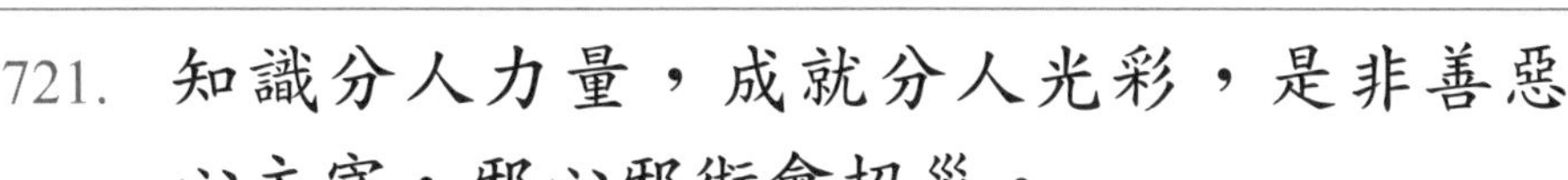

721. **知識分人力量，成就分人光彩，是非善惡心主宰，邪心邪術會招災。**

釋 知識給人力量，成功會帶來無限光彩。一念之慈，和風甘露；一念之怒，震雷暴雨，萬念存乎一心，心存邪念必招災禍。

722. **一日一文錢，三年鬥一千，積沙成塔愛時間，妄想一步能登天。**

註 鬥：湊

釋 一天節省一文錢，三年就可湊足一千。任何財富的累積或事業的發展，都如積沙成塔般需要時間和耐心，絕不可能一蹴可幾，妄想一步能登天。

723. **有志不在年歲高，無志枉費百歲老，事愛順利問三老，三老經驗人中寶。**

註 三老：指有經驗的人、老人和老實人

釋 有志不在年高，無志空長百歲。做任何事情除了自己的努力外，還需多向有經驗的智者請益，方可收事半功倍之效，因為智者的經驗是人間的瑰寶。

724. **萬般皆下品，惟有讀書高，上士剮人用筆刀，不見傷痕利過刀。**

註 上士：上等人；剮：殺；筆刀：寫文章

釋 萬般皆下品，惟有讀書高；少小勤學早，文章可立身；別人懷寶劍，我有筆如刀。在在說明了知識力量大。上等人用筆刀可殺人，其殺傷力道遠勝過利刃。

**725. 人醜好照鏡，窮人好算命，出生貧家吾个命，毋使驚難就愛拚。**

註 吾个：我的

釋 人醜好照鏡，窮人好算命，是夢想能改變現實。出生貧家是無法改變的事實，要改變命運只有用不畏艱難的精神努力打拚。

**726. 做事重原則，做人重道德，毋好項項都想得，非分所得失人格。**

釋 做事要講原則，做人就要重道德，因為德者才之主。貪婪是最真實的貧窮，絕不可貪得無厭，非分所得將會失去人格。

**727. 大船入港難，人驚心頭煩，毋驚事情重重難，靜心思考度難關。**

釋 大船入港是極困難又危險的工作，而人怕的是心情煩悶，無法靜心。所以說不怕事情重重難，只要靜心縝密思考，就能度過難關。

728. 孅人自有孅人緣，爺哀就望子孫賢，做官毋好貪烏錢，報應來時目向天。

註 孅人：瘦弱或長相不佳的人；目向天：仰天長嘆

釋 破鍋自有破鍋蓋，醜人自有醜人愛，父母就期待子孫能賢明有智慧。當官若貪求不義之財，報應來時只有仰天長嘆，悔不當初了。

729. 細人好過年，大人想賺錢，開門項項都愛錢，無錢求人難上天。

註 細人：小孩

釋 小孩喜歡過年有紅包可領，但大人處心積慮的就是想賺錢養家，因為開門七件事每樣都要錢，沒錢求人難如登天。

730. 嫁郎看對頭，毋好看門樓，窮居茅屋毋使愁，煞猛慢慢起高樓。

註 對頭：對象；門樓：家產；煞猛：努力工作

釋 嫁女擇婿要看對象，不可以男方家產為首要考量。窮居陋室不用愁，努力一樣起高樓。

731. 破篾个惜竹，唱戲个惜曲，煞猛省儉又知足，日後生活會幸福。

註 篾：已削好作為編製竹器的竹片；个：的；煞猛：努力工作

釋 從事編製竹器的人愛惜竹子，唱戲的人也非常珍惜曲譜，因為兩者都是謀生的工具。打拚事業只要勤儉又知足，日後生活必定是會幸福。

**732. 窮人毋斷豬，富貴毋斷書，毋讀詩書無目珠，學藝專精毋會輸。**

註 無目珠：有眼無珠

釋 農業社會的窮人要不間斷養豬，以增加經濟收入；富貴人家多鼓勵子弟讀書，俾便將來繼承家業。不讀詩書就如有眼無珠，遇到的問題無法做出明確的判斷。學習技藝也要專精一藝才能立於不敗之地。

**733. 只有懶人無懶地，及時種作及時生，子愛尋生地勤耕，毋好憑你還後生。**

註 尋生：尋找老師；後生：年輕

釋 人勤地獻寶，人懶地生草，只有懶人無懶地。作物施作要依時序進行，就可生長良好。子女要找良師施教才能成才，就如地要勤耕才會有好收成。盛年不重來，一日難再晨，年輕人不能蹉跎歲月，要及時努力。

**734. 勤耕布種般般有，懶做生事項項無，努力官銜日日高，出外就會有轎坐。**

註 生事：生產工作；有轎坐：喻有成就

釋 地要勤耕就會有收成，懶惰不事生產就樣樣無，任何職務只要越努力經營必定成就越高，出外就會獲得別人讚譽。

735. **大富由來命注定，貧窮受苦亦艱難，家貧毋好來驚難，小富由儉會改善。**

釋 大富由來命注定，即所謂大富由天，小富由儉。貧窮要忍受暫時的飢寒之苦，更要有不畏艱難的勇氣，事在人為，只要努力一定就會改善困境的。

736. **人生嫽也莫自卑，鳥仔有翼能高飛，用心尋著偲興趣，專業就會變轉機。**

註 嫽：瘦弱或長相不佳的人；偲：我們

釋 人醜不要自卑，鳥能高飛因有強有力的翅膀，人要成功也要立志。用心找到自己興趣，有了專業就會有轉機。

737. **毋驚事情難，就驚心頭煩，事莫驚難又嫌煩，忍耐就可度難關。**

釋 做事不怕遭遇困難，就怕心煩擾亂思緒，所以遇事不要怕難又嫌煩，忍耐才可度難關。

738. **小小本領學在身，勝過歸屋囥黃金，事業成功愛用心，專心一藝會成精。**

註 歸屋：整屋；囥：儲存

釋 小小專精手藝足可養家活口，勝過整屋囤放了黃金。想要成就事業一定要用心，專精一藝才能成為該行業的佼佼者。

739. 做人愛靈通，做事會成功，一理通來百理融，係無用心樣樣鬆。

釋 做人頭腦要靈通，做事才會成功，因為道理技巧都是一樣，只要一理通百理就可融會貫通。任何行業若不用心思考處理，必將落得樣樣稀鬆的下場。

740. 人在苦難中，黃金也變銅，煞猛毋會來變窮，人窮人閃像條蟲。

註 煞猛：努力工作

釋 人在運勢不佳，身陷苦難中時，黃金也變成銅一樣沒有價值。努力工作才是脫貧的唯一辦法，但人窮時人見人閃像條蟲卻也是不爭的事實。

741. 人難有十足，十足背又曲，後生打拚莫過碌，老來體健好享福。

註 十足：十全十美；背又曲：佝僂老人；後生：年輕

釋 人難有十全十美，等到有所成就時又已是佝僂老人了。年輕時為了事業打拚，千萬不能操勞過度累壞了身子，老來體健才能享受幸福的晚年生活。

742. 細索長鋸木必斷，屋簷水滴石會穿，做事一定心愛專，事業成功父心寬。

註 細索：細小的繩子

釋 繩鋸木斷，水滴石穿，是耐心和毅力的體現。做任何事情如能專心一致，困難都會迎刃而解，事業成功可寬慰父母。

743. 做人莫多愁，會食到白頭，經營事業像過橋，根在毋驚樹尾搖。

註 食到：活到；過橋：喻危橋；根在：根固

釋 做人不用多愁，心寬體健就會輕鬆活到老。經營事業能像過危橋般的腳踏實地，就會容易成功；就像大樹根固就會枝葉榮茂，也就不怕風搖動了。

744. 有錢莫亂花，有功莫自誇，誇逞功業盎中花，花期必定日日差。

註 盎中花：插在瓶缽中的花

釋 一點錢三點汗，有錢莫亂花，有功也莫自誇，蓋世功勞，當不得一個矜字。喜好誇逞功業的人就像插在瓶缽中的花，其根不植，其萎可待也。

745. 食飯擎碗公，做事毋會動，想求老來心頭鬆，後生就愛多用功。

註 拏：拿；後生：年輕

釋 吃飯要拿大碗公，喊他做事就不想動，好吃懶做將一事無成。想要求得老年無憂無慮的生活，年輕時就要認真打拚多用功。

746. 上山係會撿無樵，毋當轉屋刨鑊頭，頭腦靈通毋使愁，時運一到會出頭。

註 轉屋：回家；刨：刮；鑊頭：鍋子

釋 上山如果撿不到木柴回家生火，還不如回家將鍋底刨刮乾淨，也能節省薪柴。凡事都能事前善用腦筋縝密規劃，機運來臨時就會有出頭天。

747. 人害人肥卒卒，天害人一把骨，心量廣大會有福，衰家就會戴共屋。

註 肥卒卒：肥滋滋；一把骨：骨瘦如柴，喻非常淒慘；衰家：衰敗家庭

釋 人要存心加害別人不一定能如願，反而可能會使對方更稱心如意；天要降禍於人，受害者必定非常淒慘。心量廣大才能享受福祿，否則就會如死禾會做一束，衰家會待共屋一樣受到不好的牽連。

748. 出門無論早，總愛手板好，百藝隨身無定好，一藝專精定著好。

註 手板好：手腳俐落；無定：不一定；定著：一定

釋 出門辦事只要手腳俐落，就能達預期效果。雖說男人百藝好隨身，但不一定能出人頭地，只要專精一藝就一定會成功。

749. **出門出得多，屙尿淋桶刀，出外禮貌愛周到，縱有小過人放過。**

註 桶刀：桶子的邊緣

釋 出門多時禮貌也會懂得多，拜訪親友尿，急時小便會撒向尿桶邊緣，不發出聲響吵到他人。所以出門在外只要懂得以禮待人，縱犯有小過，別人也會輕輕放過。

750. **受得香火成得神，受得委曲成得人，項項好處想贏人，歸尾結果空費神。**

註 歸尾結果：最終結果；空費神：空費心思

釋 受得了香煙薰染才成得了神明；受得了委曲和磨難才能成得了人。做人不可任何好處都想貪得想贏人，這種自私行為最後會失敗空費心思。

751. **善惡不同途，水火不同爐，莫摎小人來結仇，惡人自有惡人魯。**

註 摎：和；魯：磨

釋 善惡不同途，水火不同爐，對立的兩件事難以相容共存。莫與小人仇讎，小人自有對頭。

752. 麻油炒青菜，各有各人愛，無錢伸手人過嘴，煞猛毋會空褲袋。

註 過嘴：閒言閒語、不齒；煞猛：努力工作

釋 麻油炒青菜，各有各人愛，要學會相互尊重對方。不努力就會窮苦潦倒，缺錢向人伸手將為人所不齒，只有努力才能衣食豐足。

753. 頭腦毋用毋會靈，鏡仔毋捽毋會明，事想成功就愛勤，書係讀多理會明。

釋 腦不用不靈，猶如鏡子不擦就不明。庸人敗於惰，一勤天下無難事。目不識丁，其悶尤過於盲，因此書要勤讀並能善用才會明理。

754. 細樵燒得起大火，細斧斬得大樹倒，小小螺絲功能高，少年得志毋定好。

釋 細小柴枝可生起大火，小斧頭也能砍倒大樹。勿輕小事，小隙沉舟，小小螺絲功能高。而少年得志往往會生驕態，業難守。這也印證了客諺：「早出日頭毋係天，後生發財毋係錢」的警語。

755. 窮人著爛衫，講話無人聽，老人个話你毋聽，容易跌到面轉青。

註 个：的；面轉青：臉色發青

釋 窮人著爛衫，講話無人聽，足證人微言輕是不無道理的。老人智慧是個寶，不聽老人言，吃虧在眼前，還容易招致失敗。

756. 窮人毋知死，買鹹魚吃了米，賺錢愛賺人毋知，計算毋著失先機。

釋 窮人三餐已難溫飽，還買鹹魚來配飯，要消耗更多米糧，是無奈又不理智的行為。客諺：「賺錢愛賺人毋曉，賭傚生腳一定了。」吃不窮穿不窮，計算不對就一世窮。

757. 窮人驚發病，富人驚短命，莫去害人心又淨，吉凶禍福毋使驚。

註 發病：生病

釋 窮人沒錢怕生病，富人怕短命，一則擔心無法享受富裕生活，再則擔心財產被瓜分。心存忠厚莫害人，善有善報，就不用擔心吉凶禍福的降臨。

758. 破樵無認向，毋驚後生壯，打拚事業有方向，成功機會比人強。

註 無認向：不認清紋路；後生：年輕

釋 劈柴如果不認清紋路，就是年輕力壯也會浪費許多力氣。打拚事業也要目標清楚方向正確，才能比別人有更多的成功機會。

759. 石頭細細疊成山，羊毛幼幼織成毯，富有遠親無稀罕，窮知益工人講讚。

註 細：小；幼：細；窮知益工：窮困落魄時要更堅強努力

釋 小小石頭可疊成山，細細羊毛可織成毯，勿輕忽自己，每個人都有無限可能。富有在深山有遠親，是人性；而當一個人窮困落魄的時候，能更堅強奮發努力，才是值得讚許的事。

760. 上夜想个千條路，天光本本磨豆腐，本業先愛好好顧，毋好貪心行險路。

註 上夜：上半夜；想个：想到；本本：一樣；磨豆腐：喻本業工作

釋 上半夜想到千條可行的道路，天亮照樣磨豆腐，意謂縱有再多再好的想法和計畫，沒有行動也無濟於事。要先顧好本業，切不可貪心走險路，會得不償失。

761. 病人驚肚脹，落雨驚天光，堵著事情毋使慌，日頭落山有月光。

註 堵到：碰到

釋 病人怕肚漲，久病肚漲是不祥的徵候。客諺：「水打五更頭，行人毋使愁。」所以有落雨怕天光一說。事情來臨時不必慌張，只要有衝破困境的信念，就會像太陽下山還有月光出現的光明期待。

762. 乞食仔占門樓，緊占就緊入頭，出生貧家毋使愁，煞猛共樣會出頭。

註 門樓：昔時有錢人家房宅入門處的小房舍；入頭：得寸進尺；煞猛：努力工作

釋 乞丐占用有錢人家門樓，往往會得寸進尺，越占就越裡頭。出生貧家不用愁，努力一樣會出頭。

763. 人多無好湯，豬多無好糠，堵著事情莫慌張，一項一項定定裝。

註 湯：指菜餚；糠：指豬食；堵到：碰到；定定裝：慢慢處理

釋 家庭人多就沒好菜餚，養的豬隻多了也沒好豬食。碰到事情切莫慌張，要慎思循序漸進慢慢處理才能圓滿。

764. 做一毫愛用兩毫，石頭瓦析也難磨，做人海派毋守好，到尾負債跈等多。

註 一毫：極小數額的錢；瓦析：破損的瓦片；跈等：跟著

釋 賺一毫要用兩毫，就是可用石頭瓦片來磨，也磨不及花用。做人海派不守成，體面會誤了能人，到最後只有負債跟著多而已。

765. 借債來還債，毋窮正奇怪，毋驚雙肩來背債，煞猛債主毋會怪。

註 煞猛：努力工作

釋 不努力，借債來還債，這種挖東牆補西牆的理財方式不窮才怪。天有不測風雲，人生難免背負債務，只要有還債的決心，努力工作，債主看到也能體諒的。

766. 天無三日雨，人無一世窮，毋好睡到日頭紅，早跮三朝當一工。

註 日頭紅：日上三竿；早跮：早起

釋 天不會連下三天的大雨，而人只要肯幹也不會一輩子窮困。要想改善困境，千萬不可天天睡到日上三竿，要知道早起三朝當一工，成功的機率就相對提高。

767. 毋驚千人看，就驚高人斷，手藝愛精又愛專，頭家請著心就安。

註 斷：評斷

釋 任何技藝不怕千人看，就怕內行人來評斷，因為內行看門道，外行看熱鬧。手藝如果能學到專精的地步，老闆請到這類員工就安心了。

768. 人情似紙張張薄，世事如棋局局新，富在深山有人尋，人無本事難爲人。

釋 人情似紙張張薄，世事如棋局局新；貧居鬧市無人識，富在深山有遠親，是人性的常態。人沒本事又不努力工作就難立足社會。

769. 入門看人意，入山看山勢，堵著困難愛多試，拈燒怕冷毋成事。

註 人意：主人的面部表情；山勢：山的形勢；堵到：碰到；拈燒怕冷：畏縮不前

釋 入人家門要察言觀色，作為自己去留的參考；入山前也要看整體山勢，避免步入險境。碰到困難要用多種方法嘗試，方能突破困境，如遇事畏縮就難成功。

770. 買田莫買河脣田，借錢莫借外家邊，煞猛莫淨顧眼前，伸手借錢難上天。

註 河脣田：河邊田；莫淨：不可只顧

釋 買田別買河邊田，大水一來有可能會被沖刷殆盡；借錢也別向娘家人伸手，會讓人瞧不起。賺了不可只顧眼前享樂，一旦家財散盡，伸手借錢就難如登天了。

771. 貪財人會怨，後生就愛拚，凡事鬥氣死無命，曉得忍耐正係慶。

註 後生：年輕；死無命：沒得藥救；正係慶：才是最棒的

釋 貪財的人惹人怨，年輕時要為了自己前途要努力打拚。如果凡事都喜歡與人鬥氣，喪失人緣就難成就事業，懂得忍耐才是最棒的處理方式。

772. **一个好漢三个幫，五指成拳有力量，路係行對好方向，路途毋使去考量。**

註 个：個

釋 一個人要想成功必須有許多好友相助，這就所謂一個好漢三個幫，五指成拳才有力量。路的方向走對了，路途的遠近就不用多去考量。

773. **有志毋驚難來磨，有心哪驚事情多，有錢人人喊大哥，無錢求人項項無。**

釋 只要有志氣，任何困境都可以突破，也不用擔心事情接踵而來。功利社會有錢人人喊大哥，沒錢求人是般般難。

774. **毋驚事難做，就驚懶尸蟲，人無目標濫糝撞，這種心態難成功。**

註 懶尸蟲：懶惰蟲；濫糝撞：胡亂撞

釋 不怕事難做，就怕懶做事。人若沒有確立人生的目標，沒有目標一味的胡亂衝撞，這種心態是絕難成功的。

775. **自家跌倒自家爬，望人扶持都係假，靠東靠西靠自家，別人毋係若阿爸。**

釋 自己跌倒要自己爬起，寄望別人扶持都是不可靠的。碰到困境也只能靠自己解決，因為別人不是你爸爸會無條件幫助你。

776. 小事毋忍上大當，雨毛也會濕衣裳，小小專業食四方，細空也會燥埤塘。

釋 小小事情要忍耐，不忍不耐事變大，就像毛毛雨也會淋濕衣裳。小小專業就可吃遍四方。勿輕小事，小隙沉舟，小小孔隙也會漏乾池水的。

777. 人愛靈通火愛風，毋好死蜗挖直窿，凡事曉得多用功，羅馬之路條條通。

註 蜗：青蛙；挖直窿：挖直的洞穴，不知變通

釋 事要成功頭腦要靈通，火要燒旺空氣要流通，不可像青蛙打洞一樣只知往前不知轉彎。凡事能夠用心思考，條條大路通羅馬。

778. 補漏趕好天，讀書趕少年，開卷有益學聖賢，毋好短視眼光淺。

釋 補漏要趁好天，莫待雨淋頭而後悔。讀書要趁少年，黑髮不知勤學早，白髮方知讀書遲。俗云：「從來富貴都是夢，沒有聖賢不讀書。」開卷有益，一定要向聖賢學習多讀書。做任何事情要眼光遠大，不可目光短視只顧眼前利益。

779. 大風無終朝，大雨無歸日，大海也愛細水積，煞猛會有好成績。

註 煞猛：努力工作

釋 強風不會吹整個上午，大雨也不會下整天。大海因不擇細流，所以成其大，人也一樣，只要努力工作一定會拚出好成績。

**780. 世上錢多賺不盡，朝裡官多做不完，有心毋驚事情難，好食懶做難過關。**

釋 世上錢多賺不盡，朝裡官多做不完，財多愈求，官高愈謀是人的本性。有心做事就不怕難，好吃懶做就關關難。

**781. 出外愛打拚，入門愛省儉，三皮兩角嘛愛儉，急難時節好救命。**

註 省儉：節儉；三皮兩角：喻少數金錢；嘛愛儉：也要省

釋 出外要努力打拚賺錢，回到家庭就要節約用度。小錢也不可浪費，要養成儲蓄習慣，積沙成塔，急難時就可拿來救急之用。

**782. 後生就愛勤讀書，頭腦毋用會生鏀，莫怨社會人心烏，愛怨自家無目珠。**

註 後生：年輕；生鏀：生鏽、反應遲鈍；無目珠：不讀書欠缺判斷力

釋 年輕時要勤讀書，頭腦不用會日益遲鈍。莫怨社會人心黑，要怪自己不讀詩書，欠缺判斷能力。

3-2

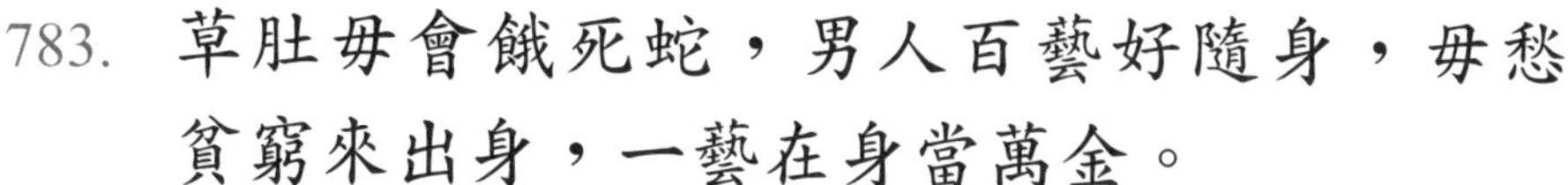

783. 草肚毋會餓死蛇，男人百藝好隨身，毋愁貧窮來出身，一藝在身當萬金。

註 草肚：草堆裡

釋 草堆裡絕不會餓死蛇，因處處是機會。職場如戰場，男人百藝好隨身，身無專技就難立足社會。不愁出身在貧家，只要有一技之長就勝過家囤萬金。

784. 千隻師父千種法，師仔學著無結煞，學藝愛精有想法，事業緊做會緊闊。

註 師仔：徒弟；學著：學到；無結煞：難以適從；緊闊：愈寬廣

釋 一門手藝任何師父傳授方法都不同，徒弟有時會覺得難以適從。學有專精又能善巧方便有想法，事業發展就會越來越寬廣。

785. 賺錢愛有伸，愛分大家分，篤實勤儉就會剩，毋使伸手摎人分。

註 篤實：老實；摎：向

釋 賺錢要能累積財富，就必須懂得與人分享的道理。只要老實做事又勤儉持家也會累積財富，就不必向人伸手乞求施捨。

786. 毋會發財怨祖公，討食毋著怨竹筒，煞猛毋會米缸空，做人和氣會成功。

註 煞猛：努力工作

釋 發不了財就怨祖先沒有庇佑，乞食不著又怨竹筒不爭氣，這種只會怨天尤人的人是永難成功的。只要努力工作就能衣食無虞，做人和氣一定會成功。

787. 今年毋比往年，老年毋比少年，光陰似箭像過年，空過歲月真危險。

釋 春日才逢楊柳綠，秋來又見菊花黃，其中老年人感觸特別深，感嘆身體機能一年不如一年，老年真的不比少年。光陰似箭像過年一閃即逝，空過歲月將一事無成，是相當危險的事情。

788. 病人驚肚脹，賊仔驚照相，後生你係好浪蕩，壞名聲就會傳揚。

註 後生：年輕

釋 病人怕肚脹，肚脹表示已病入膏肓，小偷就怕被照相留下證據。年輕時如果不務正業四處遊蕩，壞名聲傳揚出去，對你的事業發展會有負面的影響。

789. 後生事業過勞拚，老來多送養老院，煞猛還愛有善念，老天就會滿若願。

註 後生：年輕；煞猛：努力工作

釋 年輕時過度打拚，積勞成疾，老來乏人照顧，只有送養老院，是既殘忍但又無奈的現實。人只要懂得勤奮工作又心存善念，冥冥之中老天也會滿你心願的。

790. 暮暮固固真師父，邪邪術術行無路，自家肚屎自家顧，學藝有精有出路。

註 暮暮固固：木訥寡言；肚屎：肚子

釋 手藝精湛的師父往往木訥寡言，心存邪念的人遲早會被識破，前途堪慮。自己事業前途要靠自己打拚，學有專精就會有出路。

791. 落雨落大大，懶人較自在，做人毋好心變壞，心善生活正自在。

釋 雨下得越大，懶人就不用找藉口，可自由自在的休息。做人不可存壞心眼，心地善良的人生活才會自在。

792. 一勤天下無難事，就驚懶尸毋做事，萬貫家財無若事，自家賺个正本事。

註 懶尸：懶惰；若：你的；个：的

釋 一勤天下無難事，就怕懶惰不做事。家財萬貫是你祖先努力掙來的，跟你一點關係也沒有，做人要有志氣，自己努力賺的才是真本事。

793. 今年毋種竹，哪有來年筍，食酒噩夜身會損，煞猛勤儉會有伸。

註 煞猛：努力工作

釋 今年不種竹，來年哪有竹筍吃，一分耕耘才會有一分收穫。如果不事生產又經常熬夜喝酒一定會傷身，只有勤儉持家才會手頭寬裕。

794. 毋驚人毋請，就驚藝毋精，百藝毋使學在身，一藝專精會翻身。

釋 不怕人不僱用，只怕藝不精。雖言男人百藝好隨身，但一門深入就能轉劣勢為優勢，增加成功機率。

795. 頭擺犁田愛使牛，這下時代換鐵牛，勤學跈上時代路，毋使項項摎人求。

註 頭擺：從前農業社會；使牛：用牛；這下：現在；跈上：跟上；摎人：向人

釋 農業社會耕田要用牛隻，現今工業社會已由耕耘機代替，因此不管從事任何行業都要勤加學習才能跟上時代腳步，也就不必處處要央求別人協助。

796. 有國正有家，有樹正有花，冤枉錢來水流沙，勤儉篤實人人誇。

釋 有國才有家，有樹才有花，以不正當手段冤枉得來的錢財，會像水流沖沙一樣很快消失殆盡。做人實在又能勤儉持家就會受到別人誇讚。

797. 肯摎精人背包袱，毋摎戇人共下行，項項利益爭先行，人生道路就難行。

註 摎：和；精人：聰明人；共下行：同行

釋 寧願替聰明人背包袱，可以學得多，也不願跟愚笨者同行，說明跟對人非常重要。一個處處都要與人爭利的人，人生道路就會滯礙難行。

798. 打魚毋赴餐，千斤也係閒，百項頭路百項難，煞猛忍耐度難關。

註 毋赴餐：趕不上上餐桌；也係閒：沒意義；煞猛：努力工作

釋 打魚趕不上上桌享用，縱有千斤收穫也收不到現實的意義。從事任何行業要想成功都非易事，只有努力加上忍耐的功夫才能度過重重難關。

799. 世上專餓單身漢，天旱專晒水頭田，短視近利顧眼前，難逢機會失機先。

註 水頭田：水圳邊容易灌溉的田地；機先：先機

釋 世上專餓單身漢，天旱專晒水邊田，這都是有恃無恐自食惡果。一個短視近利的人，得不到人助就會失去制敵機先的好時機。

# 第四篇

# 詼諧與逗趣

800. 丹田無力愛唱戲，唱到親像打臭屁，遊覽去尞當生趣，安全問題愛注意。

註 丹田：臍下三寸的地方；尞：玩；當：很；生趣：生動又有趣

釋 不會使用丹田又愛唱戲曲，唱得五音不全像打臭屁一樣令人難受。朋友相約出遊是令人快慰的事，但是安全問題一定要注意。

801. 一人食飽全家飽，其他个人管不了，善惡因果愛知曉，各人造業各人了。

註 个：的

釋 一人吃飽全家飽，其他別人的事管不了，這是單身漢的寫照。要知道善惡果報是如影隨形的，各人造業還是會由各自去承擔。

802. 心善慈悲智慧高，惡語傷人盡毋好，狗呷烏蠅話忒多，一定分人嫌孤盲。

註 呷：咬；烏蠅：蒼蠅；狗呷烏蠅：空話連篇；話忒多：話太多；分人：給人；嫌孤盲：不受歡迎

釋 心善又慈悲的人必定智慧高，用惡語傷人是很不好的行為。空話連篇話太多，一定是不會受人歡迎的。

803. 你做你个官，偃打偃个磚，萬項事情你愛管，灶下無米又無碗。

註 偃：我；愛：要；灶下：廚房

釋 你做你的官，我打我的磚，各司其職，井水不犯河水。如果任何事情你都要插手參與，體面會誤了能人，最後就會搞到廚房無米下鍋的窘境。

804. 好馬毋停蹄，好牛毋停犁，你係好賭又包牌，驚會輸到頭犁犁。

註 係：如果；驚會：怕會；頭犁犁：抬不起頭

釋 好馬會不停蹄的為主人効力，好牛也會不停犁的為主人工作。你如果好賭又包牌，恐怕會輸到抬不起頭來。

805. 親家無來偃無去，無來無去無生趣，人生就像來做戲，係無用心難入戲。

註 偃：我；生趣：生動又有趣；係：如果

釋 親家像拉鋸，你不來我就不去，不相往來感情就會產生疏離感。人生就像在演戲，如不全心投入就難入戲，也難有成就。

806. 細阿妹仔靚係靚，可惜拉屎得人驚，做事拈燒又怕冷，這種對手毋使驚。

註 細阿妹仔：小女孩；靚：漂亮；係：是；得人驚：讓

人害怕；拈燒又怕冷：畏縮不前；毋使：不必

釋 小女孩很漂亮，只可惜經常尿褲子讓人怕怕。一個人做任何事情如果畏縮不前，碰到這種對手就不必擔心無法勝過他。

807. 有樣就看樣，無樣看世上，無照規矩濫糝撞，成功之路多失算。

註 樣：規矩、模式；世上：世人作法；濫糝撞：胡亂撞

釋 做事有規矩照規矩，沒有模式就參照世人作法。如果逾越了規矩，違背了常理胡亂撞，就會錯失成功的機會。

808. 人人都知運動好，偏偏堅持人毋多，你係好吃又懶做，難怪身體得三高。

註 係：如果

釋 人人都知運動好，偏偏堅持的人不多，運動貴在有恆，一曝十寒難收效。如果好吃懶做又不愛運動，難怪身體會得到三高。

809. 能統千軍萬馬，難管廚房灶下，男人出外打天下，轉來就愛顧好家。

註 灶下：廚房；轉來：回來

釋 隔行如隔山，專長各異，能統領千軍萬馬的大將軍，未必能管得了廚房的炊事。男人為了前途出外認真打拚，回到家裡就要放下身段把家庭照顧好。

810. 老來掌屋渡孫好，拉弦唱歌嘛湛斗，莫爲兒孫多煩惱，心寬正係第一寶。

註 掌屋：看家；渡：帶；拉弦：拉胡琴；嘛：也；湛斗：很棒；正係：才是

釋 農業社會的老年人主要工作是看家和帶孫子，閒暇時拉二胡、唱山歌也是很棒的休閒娛樂。兒孫自有兒孫福，不必為兒孫瑣事多煩惱，老來心寬才是第一寶。

811. 風吹柳樹擺枝擺，細枝擺來大枝擺，出門做事無等鞋，這雙正係真皮鞋。

註 枝：樹枝；正係：才是

釋 風吹柳樹樹枝就會跟著擺動，小枝擺了大枝會跟著擺，牽一髮而動全身。出門做事沒穿鞋，雙腳才是媽媽給的真皮鞋。

812. 日子匆匆過，事愛慢慢做，爲了事業拚命做，身體搞壞盡衰過。

註 盡：很；衰過：可憐

釋 時光總是匆匆流逝，但遇事要縝密思考，慢慢妥慎處理，千萬不能為了拚事業而忽視身體健康，一旦操勞過度，累壞了身體就可憐了。

813. 和尚毋做怪，信徒毋來拜，毋好歸日淨搞怪，勸善化惡正實在。

註 歸日：整天；淨：光

釋 廟裡的和尚不搞怪，信徒不來拜，但也不能整日妖言惑眾，誤導民心，勸善化惡才是出家人應該做的。

814. 有錢十里香，何必新衣裳，袋裡有錢面有光，倉裡有糧心毋慌。

釋 有錢就會飄香十里，不必費心穿新衣裳去吸引別人。口袋有錢臉面有光，倉裡有糧心就不慌。

815. 人心就愛淨，垃圾就愛拚，菸酒檳榔係毋儉，身體早慢一身病。

註 淨：純淨；拚：清理；係毋儉：如果不加節制

釋 人要保持內心的純淨，就像垃圾也要經常清理一樣。一個人如果對菸酒檳榔來者不拒，毫不節制的話，早晚身體會染上一身病。

816. 美濃鄉下空氣好，山明水秀除煩惱，有閒招伴落來坐，轉去保證心情好。

註 落來坐：來此一遊

釋 美濃鄉下空氣好，山明水秀可消除煩惱，有空歡迎結伴同遊，回去保證心情好。

817. **人人都想金銀寶，毋當身體顧畀好，留有青山哪驚無，毋好強求超過勞。**

註 毋當：不如；顧畀好：照顧好

釋 人們努力工作是為了獲得更多的財富，不如把身體照顧好，留有青山在不怕沒柴燒。切忌強求過勞傷身，沒了健康再多的財富也會變成毫無意義。

818. **年三十日拜祖先，各地子孫集堂前，閒談少了祖宗言，忘本虧對佲祖先。**

註 年三十日：除夕；集堂前：聚集祠堂前祭拜祖先；佲：我們

釋 除夕當天散居各地的子孫都會返鄉齊聚祠堂前，祭拜祖先。如今年輕輩子孫在閒談中已少了許多祖宗言，忘了「寧賣祖宗坑，莫忘祖宗聲」的警語，如此的忘本行為是會愧對祖先的。

819. **食就一條龍，做事一尾蟲，橫打直過鱸鰻雄，早慢分人捉入圄。**

註 一條龍：喻生龍活虎；一尾蟲：喻無精打彩；橫打直過：橫行霸道不講理；鱸鰻雄：像流氓一樣逞凶鬥狠；分人：給人；捉入圄：抓進監獄，坐管仔

釋 談到吃就生龍活虎，要他做事就像條蟲似的無精打彩。做事如果像流氓一樣橫行霸道不講理，遲早將會觸法被捉進監牢。

| 820. | 新年新年真生趣，朋友共下打鬥敘，食醉講話真嗒滴，快快樂樂無愁慮。 |
|---|---|

註 共下：一起；打鬥敘：小聚同樂；嗒滴：語無倫次

釋 春節過年真有趣，朋友回來一起同樂小聚，喝醉的人講話饒舌又語無倫次，大家快快樂樂能忘掉一切的憂慮。

| 821. | 毋使愁來毋使慮，就做一堆像雞塒，你啉高粱偓食味，醉人膨風當生趣。 |
|---|---|

註 毋使：不必；就做一堆：聚在一起；雞塒：雞舍；偓：我；食味：喝湯；當生趣：很有趣

釋 不必發愁也不必憂慮，朋友像在雞窩裡一樣窩聚一起，你喝高粱我喝湯，席間聽聽酒醉的人吹牛是很有趣的一件事。

| 822. | 大路恁直行毋正，勸你食酒愛省儉，賭徼錢又輸淨淨，餔娘看到會發病。 |
|---|---|

註 恁直：那麼直；賭徼：賭博；餔娘：太太；發病：生病

釋 酒喝多了連筆直大路都走不好，平日勸你飲酒要節制你不聽，還跑去賭博又將錢輸光光，太太看到真會氣出病來。

| 823. | 打鼓拉弦係曉得，閒來消遣會做得，你係項項毋曉得，記得請教謝其國。 |
|---|---|

註 拉弦：拉二胡；會做得：也很棒；謝其國：苗栗頭屋

鄉人，民國74年開始客家弦鼓及歌謠教學，98年10月31日獲得第15屆全球中華文化民俗音樂薪傳獎。

釋 身為客家人如果懂得弦鼓樂器，空閒時間拿來消遣娛樂是件很愉快的事情。如果不懂弦鼓又想要學習二胡或山歌，記得請教謝其國老師就不會錯的。

824. 庄下空氣好，食到長命老，爲了小事多煩惱，身體一定毋會好。

釋 鄉下空氣好，只要少慾知足，可以讓你活到長命百歲，但如果時常為了小事起煩惱分別心，心理會影響身體，身體就一定不會好。

825. 廟坪毋使起恁大，神明有靈人來拜，毋驚做事會失敗，就驚自家心毋在。

註 起：建；恁大：那麼大

釋 廟區不必建太大，只要奉祀的神明有靈驗，自然信徒就會前來膜拜。做事不要怕失敗，就擔心失敗無法靜心思考處理，錯過了由失敗中學習的機會。

826. 自家恁好賭，還嫌餔娘醜，三餐佢係無愛煮，日日你就空心肚。

註 恁好賭：那麼喜歡賭；餔娘：太太；空心肚：空肚子

釋 自己愛賭，還嫌太太醜，她如果不煮三餐，你就只有餓肚子的分。

827. 拈籤卜卦賭造化，前途事業靠自家，做人老實無花假，煞猛早慢會開花。

註 拈籤卜卦：抽籤問卜；賭造化：僅供參考不可當真；煞猛：努力工作

釋 抽籤問卜的結果僅能參考不可當真，自己的前途事業要靠自己去創造。只要做人誠實不虛，就能獲得別人的信賴，努力工作早晚會成功。

828. 人來就係客，禮來就愛搭，萬項事情都想搭，摵到鑊頭會吊壁。

註 搭：跟；摵到：搞到最後；鑊頭：鍋子

釋 來者是客，要以禮相待，但也要有選擇性的來往，如果來者不拒，愛面子會誤了能人，到最後會連鍋子都吊壁無米下鍋。

829. 天冷睡目愛蓋被，單身哥仔真孤栖，後生愛緊結連理，轉眼又到老古稀。

註 單身哥仔：單身漢；孤栖：孤單；後生：年輕人

釋 天冷睡覺要蓋被，寒冬季節單身漢就倍覺孤寂。年輕人不可蹉跎歲月，要尋覓伴侶適時結婚，不然歲月匆匆過，轉眼又到古稀年華了。

830. 親親戚戚無差一息，鄰鄰舍舍無差一下，做人食虧不可怕，重要愛結好鄰舍。

註 一息：一些

釋 親戚間要相互忍讓，互動間就是吃些虧也沒關係。遠親不如近鄰，好鄰居要相互幫忙，也不必計較太多。做人吃虧不可怕，居家生活要懂得禮讓才能和別人結成好鄰居。

831. 遠水救不了近火，遠親就不如近鄰，百萬買屋千萬鄰，好鄰好舍好心情。

釋 遠水救不了近火，遠親就不如近鄰，百萬買屋千萬買鄰，顯示鄰居對居家的重要性。擁有好鄰居，大家能互相照應就會有好心情。

832. 頭擺生活真生趣，想食水果自家去，石頭就係吾武器，果主看到會譴死。

註 頭擺：從前；真生趣：真有趣；吾：我；譴死：氣死

釋 早期農業社會的小孩生活很有趣，一般家庭經濟並不寬裕，小朋友想吃水果只得自己出外憑本事去找，石頭就是最佳武器，但是園主看到會氣死。

833. 記得還細共學堂，如今相見視茫茫，想起當初个樣像，回憶往事樂洋洋。

註 還細：小時候；个：的；樣像：樣子

釋 記得小時候是在同一學堂一同學習的同學，時光飛逝，今日相見大家都已視茫茫了。想起當初大夥稚嫩的模樣，回憶往事真是其樂無窮。

**834. 細人天真得人惜，毋好忒惜會上壁，滿子毋惜天會劈，毋信老天恁孤僻。**

註 細人：小孩；忒惜：太疼惜；上壁：比喻無理取鬧；天會劈：遭雷劈；恁：那麼

釋 小孩天真令人疼惜，但是不可太疼，太過驕縱的小孩會變得無理取鬧。俗云：「滿子不惜天會劈。」這是無稽之談，不相信老天爺會那麼孤僻無情。

**835. 洗面洗耳角，掃地掃壁角，愛啉酒又好賭博，早慢了到無褲著。**

註 了到：損失；無褲著：一無所有

釋 洗臉要洗耳朵角落，掃地要掃牆角，意謂做任何事情要注意細微部分。一個人如果愛喝酒又好賭博，遲早會敗光家產，一無所有。

**836. 心情係愉快，健康就常在，無錢莫借高利貸，省儉生活正自在。**

釋 一個人只要保持心情愉快，身體也會常保健康。沒錢時要努力打拚，千萬別借高利貸，利上滾利是可怕的，生活節約才能自在。

 4

837. 日頭落山暗摸摸，老鼠出來掫雞毛，田事盲好還愛摸，想起頭擺做孤盲。

註 田事：田裡的工作；盲好：還沒完成；頭擺：從前農業社會；做孤盲：工作非常辛苦

釋「日頭落山暗摸摸，老鼠出來掫雞毛」，這是小時候的童謠。但此時田裡的工作未完成還要忙，想起從前的農事工作真是非常辛苦。

838. 頭擺頭擺真生趣，偷採水果當遊戲，園主看著石頭去，大家走到笑嘻嘻。

註 頭擺：從前農業社會

釋 早期農業社會的小孩生活真有趣，把偷採水果當遊戲，園主看到就用石頭丟過去，大家邊跑邊笑實在很有趣。

839. 頭擺大家生活苦，細人從細愛搽手，暗晡讀書淨啄跍，成人長大毋畏苦。

註 頭擺：從前農業社會；細人：小孩；愛搽手：要幫忙；暗晡：晚上；淨啄跍：光打瞌睡

釋 從前農業社會生活普遍清苦，小孩從小就要幫忙家務，由於工作勞累，晚上讀書光打瞌睡，這種從小受過苦的小孩長大後就不畏苦，也較能成就一番事業。

840. 山狗太山狗牯，若姆又揹大肚，細人罵人實在土，想著還會笑壞肚。

註 山狗太山狗牯：對調皮小孩的一種稱呼；若姆：你媽媽；揹大肚：懷孕大肚子；細人：小孩

釋 「山狗太山狗牯，若姆揹大肚」，這是昔時調皮小孩間相互調侃嬉鬧的話語。這些小孩罵人的話實在有夠土，而今想起還會笑壞肚皮。

841. 頭擺頭擺真奇怪，心臼一定愛降倈，無降倈仔公婆怪，這種日仔真難耐。

註 頭擺：從前農業社會；心臼：媳婦；愛降倈：要生兒子

釋 農業社會真奇怪，媳婦一定要生兒子，如果沒生兒子公婆會暗中責怪，這種日子當媳婦的還真是難耐。

842. 農業社會大家庭，洗身都愛用照輪，哪有茶箍淨水淋，係無洗淨若事情。

註 洗身：洗澡；茶箍：肥皂；淨水淋：用清水淋；係無：如果沒有；若：你的

釋 農業社會大家庭，家族成員多共用一間簡陋浴室，洗澡都要用照輪，也沒肥皂好擦身，只能用清水淋，如果沒洗乾淨是你自己的事情。

843. 天下名句書說盡，天下名山僧占多，學無止盡莫嫌多，就驚毋學理由多。

釋 千古以來，天下名句書已說盡，天下名山也是被出家僧占者多。學無止盡莫嫌多，就怕不學又理由多。

844. 食酒愛食竹葉青，酒醉行路偏重輕，好酒个人會鼻腥，有酒較遠嘛會行。

註 行路偏重輕：走路腳步不穩；鼻腥：聞香；較遠嘛會行：再遠都會去

釋 喝酒要喝竹葉青，酒醉的人走路腳步就不穩。喜好喝酒的人會聞酒香，只要有酒喝的地方，再遠的路程都會聞香而去。

845. 時代在改變，人心會思變，一步登天難實現，無行正途難兑現。

釋 科技發展一日千里，人的思想也要隨著時代的進步調整因應。凡事都要按部就班，想一步登天絕難實現，不走正途，計畫就難兌現。

846. 有緣兄弟來相會，食酒傍話當生趣，桌頂挖來又挖去，酒醉膨風真嗒滴。

註 傍：配；當生趣：真有趣；真嗒滴：語無倫次

釋 無緣不聚，兄弟相聚自是有緣。喝酒聊天真有趣，酒桌

上互挖瘡疤也是一種樂趣，但是有時酒醉的人又會語無倫次愛吹牛，真是沒完沒了。

847. **有錢喊妹聲聲應，無錢喊妹詐耳聾，老來莫做噥哢公，得人敬重好家翁。**

註 應：回答；詐：假裝；噥哢公：喻愛管家務事的老人；家翁：公公婆婆

釋 有錢人叫小姐服務必定快速回應，沒錢人叫小姐就會裝聾作啞，這是現實的社會。老人在家如果能安分不多管閒事，一定會是得家人敬重的好公公、好婆婆。

848. **少食多香味，多食無味緒，莫貪山珍摎海味，少食正會顧腸胃。**

註 味緒：味道；摎：和；正會：才會

釋 東西少食多香味，多吃了反而覺得食無味，因為飽後思味，濃淡之味盡消。莫貪山珍海味，少食才能顧腸胃。

849. **人有本事無脾氣，人無本事脾氣大，豬撐大來人撐壞，猴仔撐大變精怪。**

釋 有本事的人不會隨便發脾氣，而沒本事的人反而脾氣大。身而為人做任何事情都要有節制，就如飲食也一樣，豬隻是越撐越肥大，人吃撐了會壞了身子，猴子吃撐了就會變精搞怪。

850. 話多毋會甜，膠多毋會黏，三餐毋好吃忒鹹，減少三高身上拑。

註 忒：太；拑：沾

釋 話多不甜反遭人厭，就如膠多反而不黏。三餐飲食要清淡少鹽，就可減少三高上身。

851. 樹老根先死，腿勤人長壽，三餐飲食愛有度，還要勤快來行路。

註 有度：有節制

釋 樹老根先死，人老腿先衰，腿勤人長壽。長壽的祕訣除了節制飲食，就是要勤快走路運動。

852. 著新衫就愛試鏡，觀遠方愛用遠鏡，三餐飲食愛清淨，毋會容易得著病。

釋 穿新衣要試鏡，才知是否合身，而觀看遠方用遠望鏡，才能看清看遠。三餐飲食要能注意清潔衛生，就不容易會染病。

853. 減肥愛少食，做人愛篤實，毋驚阿妹會揀食，就驚講話無老實。

註 篤實：老實；揀食：挑食

釋 想減肥就要少吃多動，做人要成功，首要就是誠實不欺。不擔心小姐會挑食，就怕講話不老實。

854. 人老舉步艱，運動愛優先，事業成功人人羨，身體健康擺頭前。

註 擺頭前：擺優先

釋 人老腳先衰，樹老根先死。所以與其擔心老來舉步艱，不如平日多運動養身。事業成功雖令人稱羨，但不能拚搏過勞，身體健康要擺第一優先考量。

855. 毋愁白毛愁敨毛，萬事就愛隨緣好，成功沒差一支毛，也莫煩惱年事高。

釋 不愁白髮愁落髮，凡事還是隨緣好，反正成功也不差一根毛髮，也不用擔心年事高，因為日即暮而猶煙霞絢爛。

856. 體強人欺病，少食胃腸好，身體你係毋顧好，萬貫家財也難保。

釋 體強人欺病，體弱病欺人，少食才會胃腸好。如果身體不顧好，萬貫家財也難保。

857. 眠床腳一堆鞋，就會做到頭犁犁，千斤重擔偃敢孩，耕田養子無恁該。

註 頭犁犁：抬不起頭；偃：我；孩：挑；無恁該：沒那麼容易

釋 床鋪底下有了多雙鞋，食指更浩繁，父母為了養家活口會累到抬不起頭來。為了生活，千斤重擔我敢挑，也深深體會到靠耕田養育子女真不是件容易的事。

858. **還生頭臥臥，毋知死日到，安全防護無周到，無常隨時來報到。**

註 還生：活著的時候；頭臥臥：額頭仰得高高

釋 活著的時候走路昂首闊步，完全沒料到無常隨時會降臨。做任何工作如果安全防護沒做好，就容易發生危險，無常隨時就會來報到。

859. **鴨嬤多懶生卵，心臼多懶洗碗，盲分項項嫌人管，分家做到毋知轉。**

註 心臼：媳婦；盲分：還未分家；毋知轉：不知回家

釋 母鴨多懶生蛋，媳婦多會懶洗碗，這都是心存依賴的後果。媳婦在未分家前處處嫌別人管太多，分家後才了解持家不易，為了生計下田工作，往往會忙到忘了回家時間。

860. **借錢就大哥大伯，還錢就閃裡閃壁，無錢還債無結煞，看著債主像火爇。**

註 閃裡閃壁：東躲西藏；無結煞：不知所措；火爇：被火紋身

釋 借錢時鞠躬哈腰，大哥大伯的叫，要還錢時就變得東躲西藏。欠錢還債又身無分文時真不知所措，看到債主就像被火紋身般的難受。

 4

861. 上船毋講價，下船惹惹杈，毋愁迎親高代價，就驚妹子毋肯嫁。

註 惹惹杈：爭論不休

釋 上船前不先講好價錢，下船時就會爭論不休。迎親不愁付高價的聘禮，就只擔心妹子不肯嫁。

862. 人喊毋肯行，鬼牽弄弄走，毋聽人勸不如狗，行著壞路爺哀愁。

註 弄弄走：急忙跟著走；爺哀：父母

釋 好人喊他他不走，壞人叫他急忙跟著走。不聽勸告為非作歹，其人不如狗，誤入歧途將會使父母憂愁不已。

863. 人心一般般，這山望該山，到了該山也一般，守好本分求發展。

註 該山：彼山

釋 人心都一般般的好高騖遠，站在此山望彼山，到了彼山的感覺也是一般般，不如守好本分再求發展。

864. 細妹恁靚愛打扮，阿婆出門愛招伴，人老會驚變孤單，後生就驚人變懶。

註 細妹恁靚：小姐漂亮；後生：年輕人

釋 小姐漂亮要打扮，年老阿婆出門要結伴。人老就會怕孤單，年輕人也擔心變懶將一事無成。

865. 鄰鄰又舍舍，東西愛相借，有借無還難再借，難免會吵又會罵。

釋 有緣結成鄰居，東西相互借用是應該的，但是有借無還再借就難，也難免會因此發生口角，傷了和氣。

866. 討餔娘莫貪靚，嫁妹仔莫貪財，人人都想愛發財，餔娘有德財自來。

註 餔娘：太太；靚：漂亮

釋 娶妻娶德，不要貪求外表的亮麗；嫁女兒也莫貪圖對方財產，要貪的是人品和智慧。人人都想要發財，娶到德行好的賢妻自然會招來財運。

867. 樹頭企得正，毋驚樹尾搖，你係好賭又好嫖，摝到歸家有好愁。

註 摝：鬧；歸家：全家

釋 只要樹頭根深站得穩，就不怕樹梢大風吹搖。你如果好賭又愛嫖，一定會鬧到全家雞犬不寧。

868. 三餐飲食簡單過，煞猛勤儉莫過勞，想愛老來身體好，多食青菜摎水果。

註 煞猛：努力工作；摎：和

釋 平日三餐飲食要簡約，對身體有益，要勤奮工作，生活節儉，但勿過勞傷身。想要老來身體好，就要多吃青菜和水果。

869. 討餔娘愛屎朏窟大，屎朏大大降倈倈，這種觀念真奇怪，屎朏細嘛多降倈。

註 討餔娘：娶太太；屎朏：屁股；降倈倈：生兒子；嘛：也

釋 昔時農業社會娶太太要選屁股大的會生兒子，可協助農耕。這種觀念也真奇怪，屁股小也多會生兒子。這是古老的傳言，不足採信。

870. 外背落大水，茅寮又漏水，他人有錢享富貴，人看偓像看著鬼。

註 外背：外面；偓：我

釋 外面下大雨，自家茅屋又漏水。他人努力有錢享富貴，人家看到窮苦的我就像看到鬼一樣的敬而遠之。

871. 做人愛老實，做事愛老神，你係噩夜無精神，開車容易出事情。

註 愛老神：要小心

釋 做人要老實，做事要謹慎小心，如果熬夜沒精神，開車就會容易出事情。

872. 想愛老來少煩惱，首先身體愛顧好，子女多也多煩惱，留兜老本有較好。

註 留兜：留些

釋 想要年老少煩惱，首先身體要顧好。子女多也多煩惱，久病床前無孝子，還是留些老本比較好。

873. 酒會紅人面，金帛動人心，一人一樣心，難滿眾人心。

釋 喝酒會使人臉紅，金錢和布匹會讓人心動。人心不同一如其面，凡事要滿足眾人的心是不可能的，只要隨緣心安即可。

874. 毋係撐船手，莫拿竹篙頭，歸日就知出風頭，做若爺哀有好愁。

註 毋係：不是；竹篙頭：撐船用的竹竿；歸日：整天；爺哀：父母

釋 不是撐船手，千萬別愛現去撐船竿掌舵，是會誤事產生危險的。如果整天不務正業只想出風頭，你父母必會煩惱不安。

875. 夜裡散步聽水聲，菜園青菜靚又青，大地載物聘無聲，堵著困難毋使驚。

註 靚：漂亮；聘無聲：無聲無息；堵著：碰到；毋使驚：不用怕

釋 鄉間夜裡散步，大地一片沉寂，只聽到潺潺的流水聲，菜園青菜的碧綠可愛，感受到一片寧靜祥和的氣氛。地無私載，大地載物無聲無息，為人也應如此，因為厚德能載物。碰到困難不必驚慌，沉著才能應對。

**876. 鄉下夜當靜，田肚蛶仔鳴，夜鶴半天玎，散步好心情。**

註 當：非常；田肚：田裡；蛶仔：青蛙；夜鶴：一種會在夜間出沒，叫聲刺耳的中型鳥類

釋 鄉下的夜晚非常寂靜，插完秧苗的田裡處處可聽見蛙鳴，而夜鶴鳥也會在天際繞著，發出刺耳的叫聲，此時如能拋開俗務散步將會獲得輕鬆的好心情。

**877. 七分鑼鼓三分唱，七個和尚八樣腔，有人刻佛有人相，各人專業無共樣。**

註 相：評論

釋 七分鑼鼓三分唱，顯示美好的配樂對歌唱者有加分作用，而七個和尚有八樣腔，人多嘴雜就難取得共識。有人刻佛就有人評論手藝，各人專業不同，要學會相互尊重。

**878. 多話人會驚，多禮人無嫌，煮菜莫放恁多鹽，驚怕身體擔毋贏。**

註 驚怕：就怕；擔毋贏：負擔不起

釋 話多人不愛，禮多人不怪，煮菜別放太多鹽，就怕身體會負擔不起。

879. 無食肚會飢，寒人愛添衣，寒夜睡目愛蓋被，做人毋使愁多禮。

註 寒人：寒冷的天候；睡目：睡覺

釋 不吃肚子餓，寒冷要添衣，寒夜睡覺要蓋被，以免著涼，做人不必愁多禮，因為禮多人不怪。

880. 有食就有補，無食空心肚，豬嫲帶子毋好顧，阿婆賴偓肖老虎。

註 豬嫲：母豬；阿婆：祖母；賴偓：誣賴我；肖老虎：生肖屬虎

釋 飲食適量對身體會有助益，沒吃就會空肚子。母豬帶剛生的仔豬難照顧，經常會有意外折損，這時祖母就會不分青紅皀白錯怪是生肖屬虎的小孩幹的好事，讓人百口莫辯（傳說母豬生子後，生肖屬虎的人看了，小豬容易折損。）

881. 落雨落細細，懶人想無計，煞猛毋驚做無事，就驚懶尸又好喋。

註 煞猛：努力工作；懶尸：懶惰；好喋：不務正業喜歡到處找人聊天

釋 下雨下得小，懶人就想不出計謀當偷懶的藉口。只要努力，做任何事都會進行順利有成果，就怕懶惰又喜好找人閒聊，做些毫無意義的事。

882. 一人一種姓，百人百種命，三餐飲食就愛淨，大食大啉會發病。

註 愛淨：要乾淨

釋 一人一種姓，百人百種命，命由己造，無須羨慕他人。三餐飲食要乾淨，大吃大喝容易生病。

883. 父正子不邪，母勤女不懶，頭擺無錢做樹山，現下有錢去爬山。

註 頭擺：從前農業社會；做樹山：在山裡討生活；現下：現在

釋 父正子不邪，母勤女不懶，有樣會學樣，對子女身教言教都重要。從前農業社會無田產人家只能在山裡討生活，現在時代改變了，有錢人為了健康而去爬山。

884. 頭擺大家生活苦，叔伯兄弟睡共屋，再冷一領舊被骨，�來掊去難睡目。

註 頭擺：從前農業社會；一領：一床；被骨：棉被；掊：拉；難睡目：難入眠

釋 從前農業社會，大家庭小孩多生活不易，更由於房舍不足，夜間堂兄弟們擠在一屋共眠，再冷也只能共用一床舊棉被，整晚棉被互相拉來拉去難入眠。

885. 田地愛耕莫畀荒，細妹恁靚愛梳妝，討妻愛看妻親娘，有食先愛爺哀嚐。

註 細妹：小姐；恁靚：很漂亮；爺哀：父母

釋 田地勤耕不荒廢就有收成，漂亮的小姐也要梳妝打扮才會討喜。娶妻要觀察其母親的德行便可知一二，因為十個妹子九像娘。為人子女要知反哺，有吃先要敬父母嚐。

886. 蛇愛命來蜗愛命，哪有人會毋惜命，三餐飲食愛清淨，減少機會來發病。

註 蜗：青蛙

釋 蛇蛙都知要愛惜生命，更何況是人，俗語說，好死不如歹活。三餐飲食要乾淨衛生，就可減少生病機會。

887. 蒔田望有穀，老來望享福，三餐毋使幾多穀，心安哪使戴高屋。

註 蒔田：插秧

釋 插秧就希望有好的穀物收成，老年人期望的是體健能享清福。三餐飲食一定要節制，心中無事一床寬，心安又何須居高樓。

888. 窮則變來變則通，項項事情愛用功，毋好食飽眼皮鬆，就想輕可做輕鬆。

註 輕可：輕鬆

釋 待人處世不可墨守成規一成不變，因為窮則變，變則通。做事情想要成功就必須用心經營，切不可飽食終日，時常肚飽眼皮鬆，怕苦將一事無成。

889. 百樣農事俚毋驚，就驚割禾晒穀青，癢時爪到面轉青，這下想著還會驚。

註 俚：我；面轉青：臉色發青；這下：現在

釋 百樣農事我不怕，就怕割稻和晒穀子，皮膚癢起來會抓到臉色發青，現在想起還會怕怕。

890. 種豆會得豆，懶尸人會笑，腹中有料錢歸兜，毋驚無人來扛轎。

註 懶尸：懶惰；錢歸兜：財源滾滾；扛轎：攀附

釋 種瓜會得瓜，一分耕耘才有一分收獲，懶惰將為人恥笑。只要有了滿腹才華，經營事業就容易成功，財源滾滾，也不用擔心沒有社會地位。

891. 毋使緊張莫慌張，事情就愛定定裝，細妹打扮靚身裝，後生看著心慌慌。

註 定定裝：慢慢處理；細妹：小姐；靚身裝：漂亮裝扮；後生：年輕人；看著：看到

釋 遇事不必緊張也不要慌張，凡事都要縝密規劃處理，才能得到好的結果。小姐打扮得漂漂亮亮，年輕小伙子看到必定會心跳加速，心慌意亂的。

892. 苦瓜會降火，煩惱催人老，四時青果愛食著，大魚大肉少過好。

註 四時：四季

釋 苦瓜雖苦，但有降火氣的功用，煩惱的歲月容易催人老。四季的時令蔬果多吃有益健康，大魚大肉還是少量攝取比較好。

893. 盛年不重來，一日難再晨，無錢就想拜神明，神明毋會插懶人。

釋 充滿活力的青壯歲月就像一天的早晨，會隨著時光的流逝一去不回頭，要把握時光及時努力。如果沒錢就想拜神求發財，神明是不會去理會懶人的。

894. 滿山櫻花開，旅客相爭去，有閒去尞當生趣，安全問題愛注意。

註 去尞：去玩；當生趣：很好玩

釋 滿山櫻花開的季節，遊客會爭相前去觀賞，有空出遊是很好的休閒娛樂，但是安全問題要特別注意。

895. 有錢擐酒酒罐重，無錢擐酒酒罐空，毋好好吃又懶動，無錢好漢像條蟲。

註 擐酒：喻買酒

釋 有錢買酒酒滿壺，無錢買酒空酒壺，顯示人心的現實。不可好吃懶做，沒錢好漢也會像條蟲一樣讓人瞧不起。

| 896. 新竹好食係摃丸，好尞還有動物園，去尞就愛先有閒，目的就愛心清閒。 |
|---|

註 好尞：好玩

釋 新竹好吃是貢丸，好玩的地方還有動物園。出去玩先要有時間，休閒的目的就是要讓心情放鬆。

| 897. 後生驚孤單，人老驚無伴，人生一關過一關，煞猛就可度難關。 |
|---|

註 後生：年輕人

釋 年輕人和老年人一樣怕孤單，都怕缺伴同行。人生旅途有重重關卡，只要努力就可度過難關。

| 898. 做人講是非，做事講道理，你係項項都毋知，橫打直過無藥醫。 |
|---|

註 橫打直過：橫行霸道不講理

釋 做人要講是非，做事要講道理，有理才能走遍天下。你如果不懂是非又不明道理，一味的橫行霸道就無可救藥了。

| 899. 屋漏偏逢連夜雨，寒冬少米又少被，想起種種个過去，當時痛苦無人知。 |
|---|

釋 屋漏偏逢連夜雨，寒冬缺糧又欠被，想起昔日種種艱困的生活，因為普遍貧窮也借貸無門，當時痛苦的日子還真讓人難以體會。

900. 還細著个穿底褲，屙屎屙尿無脫褲，想屙就尋位所跍，這下看著面會烏。

註 還細：小時候；穿底褲：開襠褲；跍：蹲；這下：現在；面會烏：不喜歡

釋 昔日農業社會的小孩都穿著開襠褲，屙屎屙尿不用脫褲，想屙就自己四處找位置蹲，這是習以為常的現象，但現代社會已不允許此類不衛生情況發生。

901. 去尞堵著落水天，就愛細義莫假癲，安全考慮愛優先，正會快樂似神仙。

註 去尞：出去玩；堵著：碰到；愛細義：要小心；莫假癲：別大意

釋 去玩又碰到下雨天，這時候就要更加小心，千萬不能大意，安全要優先考慮，平安才會快樂似神仙。

902. 雞報早心臼會著火，雞報晝心臼面臭臭，日日做到無日無晝，轉去家娘還面臭臭。

註 心臼：媳婦；會著火：會生氣；雞報晝：雞鳴晚；無日無晝：沒日沒夜；家娘：婆婆

釋 雞鳴早媳婦會生氣，因為減少了睡眠時間；雞鳴晚媳婦也會臉臭臭，因為太晚又擔心晨起的家務事做不完。每天在田裡忙到晚，回到家婆婆還會臭臉侍候，因為小孩已餓得飢腸轆轆，顯示古時的媳婦難為。

| 903. 煮雞酒就愛放薑，無放薑嫲毋會香，做阿婆也愛化妝，阿公看著還會癢。 |
|---|

釋 煮雞酒就要放薑，沒放老薑不會香。做了阿嬤了也要化妝，老阿公看到還是會心癢癢的。

| 904. 凡事計較心中苦，分兜人贏毋算輸，平安知足第一富，幸福毋使行遠路。 |
|---|

註 兜：些；毋使：不必

釋 凡事計較，心中必定苦悶，利益與人分享可創造雙贏局面，平安知足第一富，幸福不必走遠路。

| 905. 好看人吃肉，莫看人破樵，懶尸又好出風頭，做若爺哀有好愁。 |
|---|

註 破樵：劈柴；懶尸：懶惰；爺哀：父母

釋 可以看人吃肉，不可以看人劈柴，因為劈柴有危險性。懶惰又好出風頭，到頭來一事無成，做你父母就有得愁。

| 906. 朋友講信義，行車照順序，毋好尖來又尖去，出了事情就費氣。 |
|---|

註 費氣：麻煩

釋 人無信不立，朋友要講信義，行車一定也要照規矩不爭先恐後，如互不相讓，擠來擠去，出了事情就是自找麻煩了。

907. 餔娘越遠越安全，金錢越近越方便，男女約會相見面，就驚雙方毋來電。

註 餔娘：太太

釋 太太離越遠越安全，這是心存邪念先生的說詞，正常情況當然是越親近感情也越好；金錢只要用之合理，當然越近就越方便。男女約會相見面，就怕雙方不來電。

908. 耕田莫耕河脣田，大水一來目向天，謀事在人成在天，莫爭權勢仙拚仙。

註 河脣田：河邊田；仙拚仙：死命拚搏

釋 耕田莫耕河邊田，洪水一來沖刷殆盡時只能仰天徒嘆。謀事在人成事在天，切莫為了爭權奪勢去死命拚搏傷了情誼。

909. 福莫福於少事，禍莫禍於多心，管好自家這粒心，他事自有他費神。

釋 福莫福於少事，禍莫禍於多心，管好自己的起心動念，別人的事就任由他人自己去操心。

910. 閒事莫去管，壞事莫去爲，世事就像捉相棋，你吃侄車侄將你。

註 捉象棋：下象棋；侄：我

釋 閒事莫去管，壞事莫去為。世事就像下象棋，你吃我車我將你，螳螂捕蟬，豈知黃雀在後，不得不慎！

911. 面前喊阿哥，後背擎大刀，社會這種人當多，防人之心不能無。

註 後背：背後；擎：拿；當多：很多

釋 面前喊阿哥，背後拿大刀，社會上這種人很多。害人之心不可有，但防人之心不可無。

912. 出門笑嘻嘻，轉來孤栖栖，暗晡無人來蓋被，這種痛苦無人知。

註 轉來：回來；孤栖栖：孤伶伶；暗晡：晚上

釋 單身漢出門上班輕鬆笑嘻嘻，下班回來就孤伶伶一個人，尤其晚上睡覺無人幫忙蓋被，此時才深深體會成家的重要性，這種痛苦真是無人能知曉的。

913. 上山倒樹刀愛利，市場生理靠人氣，人客多少貪小利，賺錢毋好發脾氣。

註 倒樹：砍樹

釋 上山砍樹刀要利，市場生意要靠人氣，顧客多少都會貪圖小利，施小惠能賺得人氣又何樂而不為。想賺錢就不能發脾氣，和氣才能生財。

914. 老友遠方來，鬢髮也已白，歲月匆匆想頭擺，大家上學無著鞋。

註 頭擺：從前

釋 老友遠方來，鬢髮皆已白，歲月匆匆催人老，想起從前大家上學都沒穿鞋的艱苦與快樂景象，十足感嘆時光流失的速度是如此驚人。

915. 一年三節轉一擺，祭祀祖先拿香拜，大家親情猶還在，後生鄉音多已改。

註 轉一擺：回一次；後生：年輕

釋 一年三節客居外地的子孫都要回到祠堂前拿香祭拜祖先，大家見面親情猶在，只可惜年輕晚輩的母語鄉音多已流失，值予吾人警惕！

916. 寧賣祖宗坑，莫忘祖宗聲，時局變化得人驚，細人鄉音已難聽。

註 坑：指山坑；祖宗聲：祖宗留傳下來的母語；細人：晚輩小孩；鄉音：母語

釋 寧賣祖宗坑，莫忘祖宗聲，顯示長輩對保留母語的期盼。時局變化的速度快得驚人，如今想要聽見晚輩小孩的客家母語已非易事了 。

917. 曇花雖美開毋久，靚靚淑女君好逑，愛想姻緣能長久，互敬互愛手牽手。

註 靚靚：美麗

釋 曇花雖美開不久，窈窕淑女，君子好逑，要想姻緣能長久，就要彼此忍讓，互敬互愛，才能牽手過一生。

918. 請人莫請細妹客，喊著五十來一百，主人頭痛無結煞，做人人客要準札。

註 細妹客：女客人；無結煞：不知所措；人客：客人；愛準札：要節制

釋 請客莫請女客人，因為女人喜歡呼朋引伴，說好請五十人結果來了一百人，這會讓主人頭痛不知所措，所以出門做客也要知所節制，才不會造成別人的困擾。

919. 日驚日頭夜驚鬼，落雨又驚發大水，空思夢想懶尸鬼，係會成功就有鬼。

註 驚日頭：怕日晒；懶尸鬼：懶惰鬼

釋 白天怕太陽夜裡又怕鬼，下雨天又擔心洪水氾濫，這種只會空思夢想的懶惰鬼，如果會成功才有鬼。

920. 身體愛好就愛動，酒係吃醉面會紅，日日運動身體鬆，毋會早早扛去種。

註 扛去種：抬去埋，比喻往生

釋 要活就要動，運動身體好，酒醉的人臉會紅也傷身。天天運動身體自然健康，才不會提早被抬去見祖宗。

921. 交朋友愛交心，做頭路愛用心，開車一定愛專心，分心容易出事情。

註 頭路：職業或工作

釋 交朋友要交心，從事任何職業都要用心，開車一定要專心，分心就會容易出事情。

922. 食飯七分飽，到老胃腸好，三餐毋好食恁好，多食青菜摎水果。

註 恁好：那麼好；摎：和

釋 若要身體好，三餐要吃少，所以吃飯七分飽，到老胃腸好。三餐不要吃太好，要多吃青菜和水果。

923. 樹驚彈墨線，人驚三見面，毋驚坐等兩對面，就愁三心兩毋願。

註 彈墨線：即能知樹木的曲直；三見面：三方對質可理出事實的真象

釋 木材經墨線一彈就能知曲直，任何事情只要經三方對質，就可理出事實的真相。男女幽會不擔心對面坐，就擔心三心兩不願，就沒戲可唱了。

924. 上山驚老虎，田脣驚老鼠，毋驚老公生來土，就驚懶尸又好賭。

註 田脣：田埂；懶尸：懶惰

釋 上山怕碰到老虎會有危險，田埂就怕老鼠打洞會漏水。不怕老公長得不夠體面，就擔心懶惰又好賭。

925. 鄰舍有來去，生活正生趣，毋好獨來又獨去，這種日仔無樂趣。

註 有來去：有來往；正生趣：才有趣

釋 鄰居相互間要有來往，生活才能增添樂趣，不可獨來獨往養成孤僻習性，這種少了互動的日子是沒樂趣可言。

926. 退步思量步步寬，用心計較般般錯，腳步踏錯麼儕無，知錯就愛來改過。

註 麼儕：什麼人

釋 路要留一步與人行，味需要留三分與人嚐，凡事能退步思量，前途道路必定寬廣，用心計較就般般錯。任何人都會有腳步踏錯的時候，知錯能改就善莫大焉。

927. 雨後山色青又青，滿園花開一等靚，細妹就愛打扮靚，哪有貓仔毋食腥。

註 一等靚：非常漂亮；細妹：小姐

釋 雨後的山色青綠無比，滿園花開也顯得特別漂亮。小姐就要打扮得漂漂亮亮，年輕小伙子看到心會癢，哪有貓咪會不吃腥的。

928. 細人好食糖，人老就驚糖，名詞雖共樣，效果差千丈。

註 細人：小孩

釋 小孩愛吃甜食，老年怕甜食，擔心血糖升高。糖的名詞雖一樣，但對兩者食用後的後果就千差萬別了。

929. 莫撩細人噭，有講正有笑，偓來扛轎人坐轎，正當頭路無人笑。

註 撩：逗；細人：小孩；噭：哭；偓：我；頭路：職業或工作

釋 逗小孩要逗笑莫逗哭，友人相聚有說才有笑。職業不分貴賤，我來抬轎別人坐轎，正當職業沒人會取笑。

930. 一人信一教，毋好來計較，毋管耶穌也佛教，勸人爲善正重要。

釋 每個人都應該有屬於自己的宗教信仰，作為心靈上的寄託，但重要的是要尊重和不隨意批評別人的信仰，不管信的是耶穌還是佛教，勸人為善最重要。

931. 煞猛田坵毋會荒，夫妻和睦家運昌，家人健康在廚房，高油高鹽會身傷。

註 煞猛：努力工作；田坵：田地

釋 只要肯努力，田地不荒蕪就會有收成，夫妻和睦，家運必定昌盛。家人健康在廚房，高油高鹽的料理雖可口，但會引發三高，傷害身體。

4

932. 人人想變大富翁，畢竟少數人成功，日用有足心頭鬆，恁樣嘛係算成功。

註 恁樣：這樣；嘛係：也是

釋 人人都想變成大富翁，畢竟只有少數人能成功。只要日用足心情必然輕鬆，這樣也可算是成功。

933. 男人勤耕得飽食，女人勤織得身光，勤耕就會穀滿倉，尋花問柳一身瘡。

註 得身光：穿得體面

釋 男人勤耕，家人就能三餐溫飽，女人勤織，家人也可穿得體面。勤耕就會積穀滿倉，而尋花問柳必定會惹上一身瘡。

934. 勸君忍讓愛爲先，會打官司也愛錢。想愛讀書又無錢，學兜手藝好賺錢。

註 學兜：學些

釋 勸君待人處世要以忍讓為先，不要好鬥成性，會打官司也要錢。從前家貧想要讀書又沒錢，只能學些手藝好賺錢養家。

935. 木匠師父拉大鋸，你有拉來偓拉去，親朋好友多連繫，生活正會有生趣。

註 生趣：生動又有趣

釋 木匠師父相互拉大鋸子鋸木，必定是你推過來我送過去。親朋好友也一樣要多連繫，生活才會有樂趣。

936. 食飯先食湯，勝過好藥方，養生祕方百百樣，少食正係卻病方。

釋 飯前先喝湯，勝過好藥方，這是古老的養生方法。養生祕方百百種，其實少吃才是最好的卻病良方。

937. 後生你係毋肯拚，老來仰會有好命，縱慾過度會發病，養生飲食愛省儉。

註 後生：年輕；仰會：怎會

釋 年輕時如不肯打拚，年老怎會有好命。縱慾過度會生病，談養身首要節制飲食。

938. 人生就像一齣戲，各人角色各人配，自家努力莫攀比，侵犯他人得人畏

註 得人畏：令人討厭

釋 人生就像一齣戲，各人要扮演好自己的角色。自家前途要靠自己努力，莫攀比，如果侵犯他人權益，會是件令人討厭的事。

939. 食毋盡个苦，學毋盡个乖，保字拆開係人呆，戇人做事會招災。

註 毋：不；係：是

釋 人生道路崎嶇難行，一路上有吃不盡的苦和學不盡的乖。切勿乘喜而輕諾，尤以替人做保一事，要知道保字拆開是人呆，呆人做事就會容易招致災禍。

**940. 靈感來時思路快，係無靈感慢半拍，做事毋使要求快，有好結果較實在。**

釋 靈感來時思路快，如無靈感就會慢半拍，意謂做事要把握千載難逢的好時機。做任何事情都要縝密思考不能貪快，獲得好的結果才是所期待的。

**941. 山地朋友真可愛，食酒毋多使傍菜，表哥表妹共下來，快樂正係佢所愛。**

註 毋多使：不太需要；傍菜：配菜；共下來：一起來；佢：他們

釋 原住民朋友樂觀開朗的個性真的很可愛，喝酒不太需要下酒菜，表哥表妹等鄉親朋友不分彼此都會一起來參加，相聚的歡樂氣氛才是他們的最愛。

**942. 做了壞事心會虛，做了好事人毋知，這兩種人明是非，一定毋出大問題。**

釋 做了壞事會心虛，為惡而畏人知，惡中猶有善根，和為善不欲人知的這兩種人明是非，行事一定謹慎小心不會出大問題。

943. 朝晨跍床有朝食，暗晡睡目有眠床，事情有人好商量，家和就係好屋藏。

註 跍床：起床；暗晡：晚上；好屋藏：好的居家風水

釋 晨起能有早餐吃，晚上有張床可眠，事情也有人好商量，家和一定萬事興，居家必定是好的風水寶地。

944. 官司係打得，狗屎也食得，一紙入門出毋得，日日想起心打結。

註 一紙入門：一紙訴狀進入法院；出毋得：出不來

釋 官司如果可以隨意打，狗屎也可以隨便吃。只要一紙進入法院興訟，就要經司法程序處理，不容易抽回。心中只要一想起興訟的事，內心就會有鬱悶糾結的感覺。

945. 衙門總係八字開，有理無財莫入來，恐龍法官一大堆，贏了官司失了財。

釋 衙門總是大門敞開的，有理無財莫進來，恐龍法官一大堆，贏了官司失了財。

946. 轉變就係優勢，學習就係能力，頭家選才看學歷，日後品德會搒力。

註 搒力：幫忙

釋 做任何事情要懂得轉變就有優勢，學習就可提升自己的能力。老闆選才第一看學歷，即使學歷不如人，良好的品德也會是日後成功的助力，因為德者才之主。

947. 官場莫久戴，久戴心變壞，看來看去佢最大，想愛求佢愛忍耐。

註 佢：他

釋 官場莫久待，待久心變壞，看來看去他最大，想要求他要忍耐，選前向你鞠躬哈腰，選後馬上角色互換。

948. 和尚食狗肉，無面見佛祖，醹肥辛甘傷腸肚，毋當青菜摎菜脯。

註 醹肥辛甘：烈酒、肥肉、辛辣和甘甜的美食；摎：和

釋 和尚吃狗肉成何體統，當然無臉見佛祖。醹肥辛甘的食物，多吃只會傷腸肚，還不如多吃青菜和菜脯等清淡的食物，因為真味只是淡。

949. 若愛身體好，腸胃愛顧好，山珍海味喉嗹過，少量清淡會較好。

註 喉嗹：喉嚨

釋 若要身體好，胃腸要顧好，山珍海味只隨喉嚨過，過度飽食會傷身，還是少量清淡比較好。

950. 相罵無讓嘴，相打無讓拳，看著壞事莫上前，正可避免受牽連。

釋 吵架沒好話，打架不讓拳，都是氣極敗壞的不理智行為。看到外人因故衝突，切莫好奇上前觀看，才可避免受到無謂的牽連。

951. 堵著事情莫慌張，經驗累積係良方，降子頭胎照書養，二胎就會變豬養。

註 降子：生子；變豬養：意謂有了經驗可勝任

釋 碰到事情莫慌張，事情就要慢慢處理，因為經驗累積是良方。現代人頭胎生子都是照書上描述撫養，但二胎以後有了經驗就可隨意勝任了。

952. 日日生活愛正常，子時毋睡會身傷，生理調養愛眠床，人品高低靠修養。

註 子時：晚上11時到隔日凌晨1時；眠床：床鋪

釋 日常作息要正常，夜晚是身體內臟調息時間，子時不睡會傷身，所以說人的生理調養要靠床鋪，正所謂食肉不如睡目。人的品格高低要靠個人平日的修養而來。

953. 五月南風落大水，壞事做多堵著鬼，毋求老公高薪水，就驚走去做徼鬼。

註 徼鬼：賭鬼

釋 農曆五月天刮南風就容易下大雨，壞事做多了也會碰到鬼。不求老公高薪水，就擔心跑去做賭鬼。

954. 做事一好難兩好，老天也難來顧著，採茶就愛陰天好，晒茶無日晒毋好。

釋 做任何事情很難面面俱到，兩全其美，老天也難兼顧到。就好比採茶人喜愛陰天涼爽，但是晒茶時沒太陽曝晒也製不了茶，真是兩難。

955. 做人莫多愁，多愁白了頭，毋使羡佢戴高樓，高樓主人也多愁。

註 佢：他

釋 做人不必太多愁，多愁也會白了少年頭。莫羡他人住高樓，高樓主人也多愁。

956. 做事靠有心，樹榮靠有根，詐騙集團盡壞心，莫貪自然無事情。

釋 做事靠有心，一勤天下無難事；樹榮靠有根，根固枝葉榮。詐騙集團很壞心，不貪自然無事情。

957. 鴨仔食蟪公，牛隻桊鼻公，福祿各不同，做人愛自重。

註 蟪公：蚯蚓；桊：穿牛鼻木或牛鼻繩

釋 鴨子喜歡吃蚯蚓是天性，而牛隻供人使役還要穿牛鼻繩控制其行動，這是各自的命運和享受的福祿不同，因此做人也要認分，要自重。

958. 做人愛立志，無志毋成事，豬腸就知炒酸醋，頭路也愛耐心試。

註 頭路：工作或職業

釋 志不立天下無可成之事。薑絲炒大腸都知道要加酸醋才對味，這就是經驗累積的成果，從事任何行業也要從耐心摸索中學習，才能找出自己最適合的工作。

959. 人老眼會花，記性會變差，男人有錢去亂花，屋下搋到醹膠膠。

註 屋下：家裡；搋到：弄成；醹膠膠：亂七八糟

釋 人老眼會花，記性也變差，是自然的道理，要活的自在健康最重要。男人有錢就去外面亂花不顧家，當然就會把家庭弄得亂七八糟，雞犬不寧。

960. 講笑還講笑，超過毋好笑，你係輒輒摎人鬥，毋會白毛也會瘦。

註 輒輒：經常；摎：和

釋 開玩笑要有節制，過了頭就不好笑。你如果經常和人爭鬥，頭髮不變白人也會變瘦。

961. 柳蘇花開滿樹白，做官守身愛清白，毋驚你會多筆畫，萬算毋當天一畫。

註 柳蘇花：冬末開花，花朵綿密雪白；多筆畫：多會謀畫；天一畫：天算

釋 柳蘇花開時，滿樹花朵綿密雪白，當官守身要如柳蘇花般的清白。你如果居心叵測，謀劃營私，萬算不如天算，老天會幫你乘除的。

962. 天旱無神靈，米貴無親人，三餐就愛自家尋，他人也有他事情。

釋 天鬧旱災，向神明祈雨多半都不會靈驗；米貴時窮人沒錢買米，想向親友借貸也多半是求助無門。三餐溫飽還是要靠自己賣力打拚，因為他人也有他人自家的事情。

963. 姑表兄弟骨肉親，姨表兄弟路邊人，親疏有別係凡人，不見他過近聖人。

釋 姑表兄弟是父親姊妹的兒子，有親骨肉的親切感；而姨表兄弟是母親姊妹的兒子，平日少連繫，有陌生如路邊人的感覺。對人親疏有別是凡人的思維，不見他人過就已幾近聖人了。六祖禪師：「若真修道人，不見他人過」。

964. 懶人多屎尿，無屙無好尞，膨風腹中又無料，慢慢無人尋你尞。

註 尞：玩、休息；膨風：吹牛

釋 懶人多屎尿，藉故上廁所可取得休息時間。好吹牛又沒本事，慢慢就會沒人要找你閒聊了。

965. 食飯打赤膊，做事尋衫著，懶尸你又愛賭博，就會輸到無褲著。

註 懶尸：懶惰

釋 吃飯拚命打赤膊，叫他做事就裝冷找衣穿。你如果懶惰又愛賭，到最後就會輸到慘兮兮。

966. 爲人好去探花酒，毋怕家有斗量金，風塵女子係有情，若个祖先就無靈。

註 探花酒：涉足風月場所

釋 為人喜歡涉足風月場所，不怕家有多金，遲早都會敗光。風塵中的女子如果有真情，你家祖先就不靈了。

967. 人家有錢莫去騙，貧窮富貴總由天，邪心邪術無改變，老天一定會發現。

釋 看到人家有錢不可心懷邪念去騙取，雖言貧窮富貴總由天，但要了解小富由儉的道理。如果一個人時時心存邪念，老天一定會發現，是不會讓你圓夢的。

968. 打鐵本無樣，緊打愛緊相，有樣就看樣，無樣看世上。

註 樣：模型、規矩；緊打：邊打

釋 打鐵不比鑄鐵是沒有模型可套用的，必須邊打邊看或邊想實體加以修正。為人處事也一樣，有規矩就照規矩，沒規矩就要看世人的行止。

969. 豬皮炸無油，好子也難求，汽車行車愛食油，人愛成功愛加油。

釋 豬皮硬少脂肪當然炸沒油，要生好子如不累積陰德也難求。汽車行車要用油，人要成功也必須努力加油。

970. 三餐自家煮，衫爛無人補，係有餔娘來搚手，食水嘛會像食補。

註 餔娘：太太；搚手：幫忙

釋 三餐自己料理，衣破又無人補，這時候如果有太太來幫忙，喝水也會像吃補一樣滋補養身，顯示成家的重要性。

971. 人無人緣人欺死，菜無菜園雞啄死，偷雞也愛一把米，係無蒔田哪有米。

註 蒔田：插秧

釋 人無人緣就會孤立無援，有志難伸，甚或受人欺負；種菜沒菜園圍籬也會遭雞隻啄死光。偷雞也先要有一把米，如沒插秧哪來米穀收成，一分耕耘才有一分收穫。

972. 三個倈仔打條索，毋使出去喊外腳，食就來著一張桌，做事走到無半腳。

註 倈仔：兒子；外腳：外人；走到無半腳：跑光光

釋 昔時製作草繩需一人操縱機器，一人分繩，一人按繩才能完成，所以三個兒子打條草索，就不用請外人幫忙。有吃時就來了滿桌的人，要叫做事又都跑光光。

973. 人係無理講橫話，牛係無力拉橫耙，無牙又愛食粢粑，哽著就會喊阿爸。

註 橫話：蠻橫不講理的話；拉橫耙：橫著拉耙走省力；粢粑：以糯米搗爛製成的客家米食，亦稱麻糬；哽著：噎到；喊阿爸：喻痛苦哀號

釋 人理虧時，為了保護自己就會強詞奪理，牛無力拖耙也會橫著拖省力。老人無牙又愛吃粢粑，萬一噎到就會痛苦哀號。

974. 五月北風打平過，六月北風毋係貨，耕田生活無好過，風搓一來過屌倒。

註 打平過：平和的；毋係貨：會造成災損；過屌倒：後果更嚴重

釋 農曆五月刮的北風是平和的，六月颳的可能是颱風就會造成災損。農民生活真辛苦，颱風一來就更難過了。

975. 毋貪郎田地，就貪郎精俐，歸日就想財摎利，這種生活無生趣。

註 精俐：聰明伶俐；歸日：整天；摎：和

釋 嫁女擇婿不要貪圖對方田產，要選擇聰明伶俐的對象。做人如果整天想的都是名和利，這種生活將毫無樂趣。

976. 世上千般苦，就驚磨豆腐，苦瓜恁苦食有補，煞猛忍耐毋會輸。

註 恁苦：那麼苦；煞猛：努力工作

釋 世上工作千般苦，最怕磨豆腐，因為都要早起工作到天明。苦瓜雖苦吃有補，碰到任何橫逆只要勤奮忍耐就可突破困境。

977. 上晝蛤蟆下晝雨，下晝蛤蟆無點雨，前人智慧像先知，知能善用得先機。

註 上晝：上午；下晝：下午；無點雨：不會下雨

釋 上午聽到蛙鳴下午就會下雨，下午聽到蛙鳴晚上就不會下雨。前人的經驗如先知，若能善用將可獲得成功的先機。

978. 佛祖毋驚日頭晒，就驚無靈無人拜，堵著事情心愛在，橫打直過事會敗。

註 心愛在：要沉著；橫打直過：蠻橫不講理

釋 神像本就不怕太陽晒，就擔心不靈驗無人來參拜。碰到事情心要沉著不慌亂，如果蠻橫不講理就容易會失敗。

979. 人高好孩擔，人矮好做衫，自家能力就愛堪，毋好項項摎人拚。

註 擔：挑擔；堪：考量；摎：和

釋 人高力氣大好挑擔，人矮做衣服省布。做任何事情要先考量自己能力量力而為，不可凡事都要和人拚鬥。

980. 人登毋上天堂，狗吠毋下月光，人定勝天係浪想，安分守己度災殃。

註 月光：月亮；浪想：不切實際的想法

釋 人上不了天堂，狗也吠不下月亮，人定勝天是不切實際的想法，做人安分守己才能安度難關。

981. 單牆難擋四面風，細樵難燒一鑊紅，利知分享人氣重，人多力強會成功。

註 細樵：細小的薪柴；鑊：鍋子

釋 單牆難擋四面吹來風，一支細柴也難燒開一鍋子的水。懂得利益分享就能匯聚人氣，人多助力強就容易成功。

982. 畫虎畫皮難畫骨，知人知面不知心，�大索也愛同心，分心輸到踥踥蹭。

註 掙大索：拔河比賽；踥踥蹭：左傾右倒，比喻慘兮兮

釋 畫虎畫皮難畫骨，知人知面不知心。掙河比賽要同心，分心的結果就會輸到慘兮兮。

983. 三日毋唸口會生，三日毋做手也生，唱歌愛用丹田聲，多練毋會鴨公聲。

註 丹田：臍下三寸的地方；鴨公聲：聲音沙啞難聽

釋 三日不唸書，口說會生疏，三日不做事，雙手也生疏，溫故才能知新。唱歌要用丹田發聲，多練聲音就不會沙啞難聽。

984. 番薯就愛人爪癢，越爪越癢越肯長，積善人家像瓜秧，草裡冬瓜暗暗長。

註 爪癢：喻鬆土；越肯長：越容易長大；暗暗：慢慢

釋 種地瓜要鬆土，越常鬆土，地瓜就會長得越快。積善人家就如暗藏草裡的冬瓜一樣，果報會慢慢增長。

985. 會算毋會籌，糶米換番薯，毋好愛省一尺布，顛倒失忒一條褲。

註 糶：賣；顛倒：反而；失忒：失去

釋 會計算但不懂籌畫，往往會做出賣米換地瓜的愚蠢行為。就好比為了省一尺布料，做出不合身的褲子，反而損失了一條褲子一樣不理智。

986. 腳痛會繡花，手痛會過家，頭腦靈通知變化，手腳並用毋會差。

註 過家：串門子；毋會：不會

釋 女人腳痛時會在家裡繡花，手痛時會去串門子打發時間。一個人頭腦靈通又知變化因應，手腳並用做事一定會有成效。

987. 日時頭講打老虎，暗晡頭又驚老鼠，做人實在莫畏苦，拈燒怕冷到尾輸。

註 日時頭：白天；暗晡頭：晚上；拈燒怕冷：做事畏首

畏尾

釋 白天說去上山打虎，勇猛無比，到了晚上又變成怕老鼠的膽小鬼，是不折不扣表裡不一的人。做人要實在又不畏苦才能成功，如果畏首畏尾，到最後將一事無成。

**988. 早出日頭毋係天，後生發財毋係錢，噩夜食酒又賭錢，容易提早見祖先。**

註 後生：年輕

釋 早上出太陽不代表一天都是好天氣，少年得志發了財不代表一輩子都富有，因為財多會損其志。一個人如果經常熬夜喝酒又賭錢，就會容易提早見祖先。

**989. 毋做媒人毋做保，一生一世少煩惱，守身如玉雖然好，親情道義愛顧著。**

釋 不做媒人不做保，一生一世就少煩惱，因為做媒和做保都風險極高，萬一出事難免心中煩惱不已。潔身自愛雖然好，但家人間親情和朋友間道義也要考慮兼顧。

**990. 有妹莫嫁「竹頭背」，毋係番薯就豬菜，刻耐吃飯傍豬菜，就望子孫贏上代。**

註 「竹頭背」：小地名，位於高雄市美濃區廣興里；刻耐：忍耐；傍：配

釋 有女莫嫁「竹頭背」，因昔日生活窮困，多有養豬當副業，工作之餘還要到田裡挖地瓜和割豬菜餵豬，工作或

生活都非常辛苦。而長輩們寧願刻苦吃飯配豬菜葉，也要用心培養子女，就希望子孫能贏過上代，不要再過如此窮困的生活。

991. **嫁妹莫嫁「大崎下」，一出柵門菸頭下，出外行上又行下，還毋當美濃山下。**

註「大崎下」：小地名，位於高雄市美濃區龍肚里；柵門：昔日農家於家門外加的柵欄，防止雞鴨入內；菸頭下：菸田，早期美濃是菸葉專業區，種植面積極廣

釋 嫁女莫嫁「大崎下」，一出柵門就要下菸田工作，生活忙碌而辛苦。但是遊子出外遊走一番後，還是覺得沒有一個地方比家鄉美濃更純樸又美麗，會有「行上又行下還毋當美濃山下」的普遍感受。

992. **堵著惡人無奈何，惡人自有惡人磨，惡口傷人利過刀，絕對毋好看人無。**

註 毋好：不可

釋 碰到惡人不必徒嘆奈何，因為惡人自有惡人磨。惡口傷人利過刀，絕對不可看輕別人，因為他人的努力，風水是會輪流轉的。

993. **交友交著鬼，食茶食著水，行船就驚堵淺水，運壞毋好怪風水。**

註 鬼：指損友；堵：碰到

**釋** 交友不慎交到損友，喝茶又不慎喝到水，船行江河最怕碰到淺水，這都表示運氣欠佳。一時時運不濟也不能一味迷信去責怪風水，要細心檢討重新出發，方為上策。

| 994. 風水先生一手指，泥水木匠會做死，手藝有精比人知，煞猛還愛知謙虛。 |
|---|

**註** 煞猛：努力工作

**釋** 風水先生手指一比劃，泥水師和木工師父就得賣命工作，說明個人專精領域不同。學藝專精比人強，努力工作還要懂得謙虛，就能有所成就。

| 995. 三儕人蓋一領被，中央寒著牙嘻嘻，想起還細相掙被，朝晨跍床詐毋知。 |
|---|

**註** 三儕人：三個人；一領被：一床棉被；牙嘻嘻：直打哆嗦；還細：小時候；掙被：互相拉被；跍床：起床；詐毋知：裝不知道

**釋** 冬天三個人蓋一床棉被，因左右兩邊的人互相拉扯，睡中間的人會凍得直打哆嗦。想起小時候晚上互相拉被，早晨起床又裝不知道的模樣，還覺得真的很有意思。

| 996. 死豬毋驚滾水燙，人死毋驚惡語傷，生理偷斤又減兩，到尾自家會受傷。 |
|---|

**註** 毋驚：不怕；生理：生意；到尾：到最後；自家：自己

**釋** 死豬不怕滾水燙，人死了也不用擔心再遭惡語中傷，因為一切榮辱都歸塵土了。做生意如果偷斤減兩，紙包不住火，客源和信譽流失的結果，受傷的是自己。

**997. 見笑一時間，肚飽一晝邊，毋做事又醉仙仙，餔娘看到會發癲。**

註 見笑：受人羞辱；一晝邊：指半天時間；餔娘：太太

釋 受人羞辱是一時的，只要能填飽肚子，就會有半天的飽足感。成天醉生夢死不務正業，太太看到會發瘋。

**998. 銅鑼再好銅鑼聲，後哀再好後哀名，忠厚傳家好名聲，毋使輒輒去改名。**

註 後哀：後母；輒輒：經常

釋 銅鑼再好也只能敲出刺耳的銅鑼聲，後母再無私，在一般人的眼裡還是存有會虐待前妻子女的刻板印象。一個家庭如能以忠厚傳家，在鄉里必能獲得好名聲，事業經營也會順利，不必經常去改名。

**999. 賭徼因爲贏徼起，贏个礱糠輸个米，壞樣由來搞生趣，食著惡果正知死。**

註 賭徼：賭博；礱糠：空稻殼；壞樣：壞習慣；搞生趣：好玩、好奇心

釋 賭博都是先贏了小錢所引發的興趣，沉迷的結果恰如贏了稻殼輸了米，因小失大。任何壞習慣的養成都是由好奇心引起，一旦嘗到惡果時就悔之晚矣。

 4

1000. 裁縫毋偷布，鋪娘無水褲，生理信用愛先顧，貪人小利到尾輸。

註 鋪娘：太太；水褲：內褲

釋 裁縫師父幫別人縫製衣服如果不偷點布料，回家就沒布料可為太太做內褲。做生意首要講求信用，貪圖小利將無法成功獲利。

*Note*

國家圖書館出版品預行編目資料

客家生趣話1000則：先人的智慧．俚諺語說話趣／傅新明編著．-- 三版．-- 臺北市：五南圖書出版股份有限公司，2024.09
面； 公分
ISBN 978-626-393-750-5(平裝)

1.諺語 2.客語

539.933 113013157

1XF4

# 客家生趣話1000則

作　　者 — 傅新明
企劃主編 — 黃惠娟
責任編輯 — 魯曉玟
錄音人員 — 葉秋菊
封面設計 — 封怡彤
出 版 者 — 五南圖書出版股份有限公司
發 行 人 — 楊榮川
總 經 理 — 楊士清
總 編 輯 — 楊秀麗
地　　址：106台北市大安區和平東路二段339號4樓
電　　話：(02)2705-5066　　傳　　真：(02)2706-6100
網　　址：https://www.wunan.com.tw
電子郵件：wunan@wunan.com.tw
劃撥帳號：01068953
戶　　名：五南圖書出版股份有限公司

法律顧問　林勝安律師

出版日期　2018年8月初版一刷（共三刷）
　　　　　2022年8月二版一刷
　　　　　2024年9月三版一刷

定　　價　新臺幣450元

# 經典永恆・名著常在

# 五十週年的獻禮——經典名著文庫

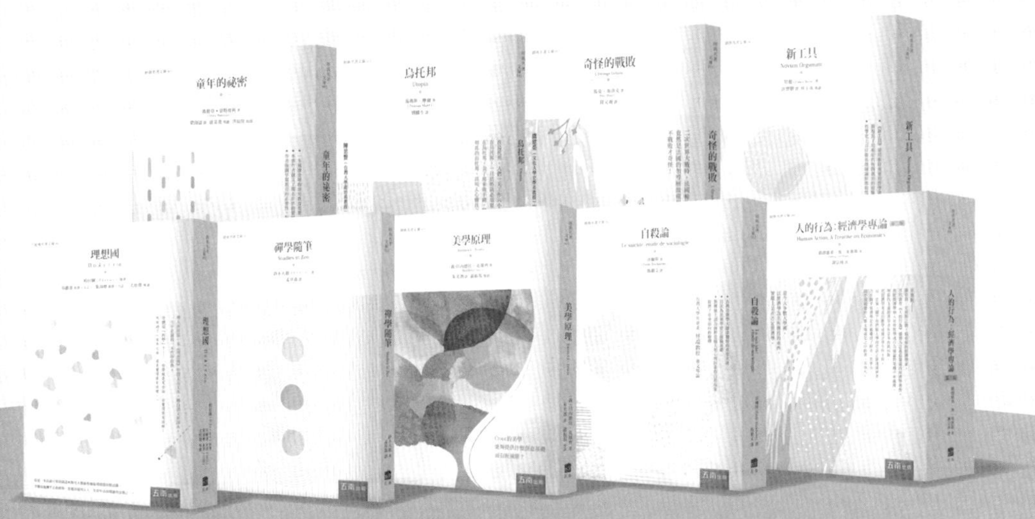

五南，五十年了，半個世紀，人生旅程的一大半，走過來了。
思索著，邁向百年的未來歷程，能為知識界、文化學術界作些什麼？
在速食文化的生態下，有什麼值得讓人雋永品味的？

歷代經典・當今名著，經過時間的洗禮，千錘百鍊，流傳至今，光芒耀人；
不僅使我們能領悟前人的智慧，同時也增深加廣我們思考的深度與視野。
我們決心投入巨資，有計畫的系統梳選，成立「經典名著文庫」，
希望收入古今中外思想性的、充滿睿智與獨見的經典、名著。
這是一項理想性的、永續性的巨大出版工程。
不在意讀者的眾寡，只考慮它的學術價值，力求完整展現先哲思想的軌跡；
為知識界開啟一片智慧之窗，營造一座百花綻放的世界文明公園，
任君遨遊、取菁吸蜜、嘉惠學子！